C=O
NH2
CH3-COOH
CH3-CH2-CH2-CH3
NO2
Al(OH)3 → Al2O3 + 3H2O
HN
N
R1
R2
CN
CH3C=O
NH2
H
C

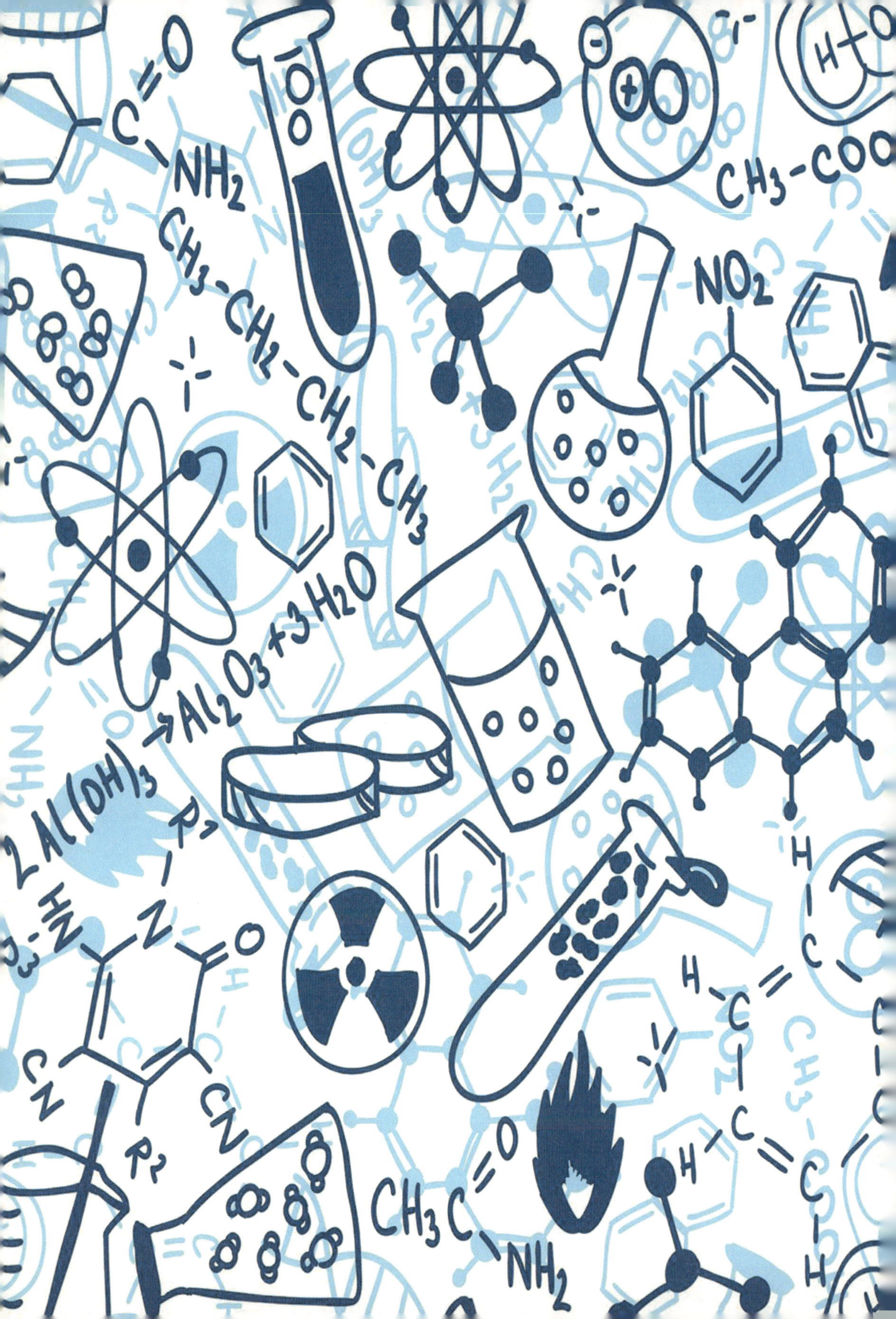
C=O
NH2
CH3-CH2-CH2-CH3
CH3-COO
NO2
2Al(OH)3→Al2O3+3H2O
R1
HN
N
O
CN
CN
R2
CH3C=O
NH2
H
C
H
C
C
H
C
H

동물들과 수상한 발명품

대한과학진흥회 엮음

스완미디어
SWAN MEDIA

책 머리에

오늘날 우리들은 고도로 발달된 과학 문명의 혜택 속에 살고 있습니다.

우리의 선진 조국 창조를 위해 무엇보다 중요한 것이 과학기술의 개발입니다. 특히 자원이 부족한 우리나라에서 가꾸어야 할 유일한 자원은 과학 기술로 무장한 풍부한 인력 자원입니다.

대한 과학 진흥회에서는 배우는 학생들을 위해 사물을 깊이 관찰하는 습관과 합리적이고 창의적인 과학적 사고를 심어 주기 위한 방법의 하나로 과학 문고를 엮어 내고 있습니다.

과학 문고를 펴냄에 있어서 딱딱한 과학지식을 그림을 곁들여 쉽고 재미있게 이야기로 풀어 써서 학생들이 스스로 원리를 발견하고 재미를 느끼게 함으로써 과학의 여러 분야에 대하여 흥미를 갖고 접근할 수 있도록 하였습니다.

이 책과 더불어 많은 학생들이 과학에 깊은 관심을 갖고 탐구심과 창의력을 기르며 과학을 생활화 할 줄 아는 사람이 되는데 많은 도움이 되었으면 하고 바라는 마음 간절합니다.

기획편찬 **대한과학진흥회**

차례

왕발명의 발명품

아침 햇살이 창문 틈을 부비대고 들어와 자연이의 굳게 닫힌 눈을 간지럽혔다. 그러나 자연이는 이불을 뒤집어썼다.

"자연아! 지각하겠다. 어서 일어나야지!"

엄마의 목소리가 크게 들려왔다.

그러나 자연이는 일어나지 않고 이불 속에서 계속 꼼지락댔다.

그러자 엄마의 목소리가 더 크게 들려왔다.

"자연아!"

"에이. 막 내가 한 골을 넣는 순간이었는데!"

자연이는 마침내 졸린 눈을 비비며 자리에서 일어났다. 자연이는 꿈 속에서 얄미운 창수 녀석과 축구를 하다가 자연이가 보기좋게 한 골을 넣고 있었던 것이다. 빵! 하는 소리와 함께 공이 고울문을 뚫고 들어가는 그때의 기분이란!

그러나 자연이는 자리에서 벌떡 일어나서 재빨리 양치질을 하고 세수를 했다. 그리고는 마당에 있는 조그마한 동물 우리로 갔다.

"안녕! 야옹아!"

야옹이는 얼마전에 자연이가 길거리에서 병들어 죽어가는 것을 데려다가 키운 얼룩고양이의 이름이었다.

처음에 데려올 때는 뼈만 앙상한 게 볼품없었는데 몇 달이 지나자 지금은 통통한 예쁜 고양이가 되어 있었다. 그런데 오늘은 웬지 야옹이는 자연이를 거들떠보지도 않고 꼼짝도 안하고 있었다.

"야옹아. 어디 아프니?"

자연이는 걱정이 돼서 얼룩 고양이의 털을 쓰다듬어 주었다. 그럼 대개 기분이 좋아져서 금방 그르릉거리곤 했는데 오늘은 웬일인지 야옹이는 왕방울만한 눈을 들어 자연이를 힐끗 쳐다보고는 다시 고개를 처박고 말았다.

"엄마! 야옹이가 이상해요! 어디가 아픈가 봐요!"

자연이가 소리치자 엄마가 부엌에서 대답했다.

"글쎄다. 오늘 아침까지 괜찮았는데 이상하구나, 감기라도 걸린 모양이지."

자연이는 다시 야옹이의 목을 긁어주었다. 그러나 야옹이는 역시 반응이 없었다.

"야옹아. 내가 이따 학교에 갔다 와서 같이 놀아줄게."

자연이는 야옹이의 목을 긁어준 뒤 재빨리 가방과 신발 주머니를 들고 학교를 향해 뛰어갔다.

날씨는 무척 좋았다. 마치 좋은 일이라도 생길 것만 같은 기분이 들었다. 구름은 두둥실 떠있고 부드러운 봄햇살은 폴짝폴짝 뛰어가는 자연이의 머리 위에 쏟아 붓고 있었다.

폴짝! 폴짝! 자연이는 기분좋게 학교를 향해 뛰기 시작했다.

자연이는 이제 막 4학년이 된 개구쟁이 소년이다.

좋아하는 운동은 축구와 달리기이고 취미는 동물 기르기이다. 그래서 자연이의 집은 언제나 고양이나 강아지, 새 등의 동물들이 우글우글한다.

자연이의 장래 희망이 아픈 동물들을 치료해주는 동물의사이기 때문이다.

좋아하는 사람은 엄마와 아빠이고 자기를 매일 귀찮게 하기는 하지만 여동생도 좋아한다.

자연이가 제일 싫어하는 것은 어른들의 '고놈 참 예쁘게 생겼다' 라는 말을 듣는 것이다. 무엇보다 남자다운 것을 좋아하는데 유난히 여자같이 생긴 자연이는 예쁘다는 말을 자주 듣고 있었다. 그리고 또 하나 싫어하는 것은 사람들에게서 '네 이름이 왜 하필이면 자연이냐?' 하는 질문을 받는 것이다.

사실 자연이라는 이름은 항상 자연을 사랑하는 고운 마음을 가진 사람이 되라는 뜻에서 아버지가 지어준 이름이다. 그래서 자연이도 자기 이름을 무척 좋아하고 있다.

4학년 2반인 자연이의 교실에는 벌써 친구들이 다 와 있었다. 자연이는 재빨리 자기의 자리로 가서 책들을 챙겨놓고 자리에 앉았다.

"야! 자연보호!"

뒤에서 코맹맹이 소리가 들려왔다. 뒤돌아보지 않아도 누군지 알 수 있었다. 항상 멋이나 부리고 눈도 나쁘지 않은데 줄 달린 안경을 걸치고 다니는 창수 녀석이다.

창수 녀석의 엄마는 학교의 자모회 회장이다. 그래서 항상 목에 힘이나 주고 거들먹거리며 다니는 뚱뚱보였다. 창수는 자연이의 이름을 '자연보호' 라고 놀려대고 있었다.

"흥!"

자연이는 일부러 못 들은 척했다. 아침마다 항상 자연이의 이름을 들먹거리며 놀려대는 게 창수의 취미라는 걸 잘 알고 있었기 때문이다.

이때 자연이의 단짝 친구인 왕발명이 자연이에게 다가왔다. 왕발명은 이름 그대로 발명하는 걸 좋아하는 아이였다. 그래서 왕발명의 방은 항상 복잡한 기계가 쌓여 있어 발 디

딜 틈도 없을 정도였다. 항상 할아버지처럼 두꺼운 안경을 쓰고 다니고 옆구리에는 두꺼운 책을 들고 다녔다. 운동과는 거리가 먼 약골이었지만 공부만큼은 항상 1등을 하는 공부벌레였다.

"자연아! 나 이번에 아주 근사한 것 발명했다. 수업 끝나고 이따 우리 집으로 모여. 알았지?"

왕발명은 자연이에게 한쪽 눈을 찡긋했다. 오늘은 웬일인지 매우 흥분해 있었다. 눈도 반짝반짝 빛나고 있고 희죽희죽 웃음을 참지 못하고 있었다.

그러자 자연이도 함께 한쪽 눈을 찡긋했다. 그것은 그들만이 알고 있는 신호였다. 자연이와 왕발명 그리고 또 다른 단짝 친구인 꺽다리는 학교에서도 유명한 삼총사였다. 발명 삼총사 하면 모르는 사람이 없을 정도였다.

꺽다리는 비쩍 마르고 키만 껑충하게 크다 해서 붙여진 별명이었다. 약간 꺼벙하게 생겼지만 마음씨 만큼은 착한 아이였다. 삼총사는 항상 학교 수업이 끝나면 옆의 반 아이들과 축구 시합을 하거나 왕발명의 집에 모여 왕발명의 발명품을 구경하곤 했다.

왕발명이 제자리로 가자 뒤에 있는 뚱뚱보 창수가 자연이의 등에 얼굴을 바짝 디밀었다.

"야! 자연보호. 너희들 이번에는 무슨 꿍꿍이를 하고 있는 거니?"

"왜. 또 선생님한테 고자질하려고?"

자연이는 퉁명스럽게 물었다. 뚱뚱보 창수는 항상 염탐꾼처럼 자연이네들의 이야기를 엿듣고는 아이들에게 소문을 내곤 했기 때문이다.

"아냐. 그냥 궁금해서 그래."

"흥. 이번에는 안 속아."

"야, 너 정말 의리없게 나올래?"

"지난 번에도 우리가 지우개털이 기계 망가뜨린 걸 선생님한테 고자질해서 일주일 동안이나 화장실 청소 하게 했잖아!"

"아냐. 이번에는 정말 고자질 안할게."

"싫어."

자연이가 상대를 안해주자 창수는 바짝 약이 오른 모양이었다. 한참 씨근대며 있다가 일부러 쾅! 소리를 내며 책을 책상 위에 올려놓았다. 그리고는 자연이의 귀에 대고 이를 가는 소리로 말했다.

"흥! 꼭 알아내고 말걸?"

이윽고 학교 수업이 끝나자 자연이와 꺽다리, 왕발명은 한 자리에 모였다.

"야! 왕발명, 이번에도 껌으로 지우개 만들었니?"

꺽다리가 왕발명에게 물었다. 꺽다리는 왕발명과 자연이보다는 사물에 대한 이해가 느린 편이었다.

"아니."

"그럼 지난 번에 실패했던 물잉크 싸인펜?"

"아니."

"아, 알았다. 그 박쥐날개 유령 탐지기?"

그러자 왕발명은 답답하다는 얼굴이 되었다. 하지만 꺽다리를 나무랄 수는 없는 일이었다. 그 동안 왕발명은 발명을 한답시고 친구들에게 매일같이 발명품을 보여주었으나 번번이 실패한 물건들이었기 때문이다.

얼마전까지만 해도 박쥐날개 유령 탐지기를 만든다고 왕발명이 성화를 해서 자연이와 꺽다리는 진짜 살아 있는 박쥐를 잡으려고 사흘 동안 뚝방을 헤매었으나 잡지 못하고 결국은 그 대용을 집에 있는 쥐를 잡았다. 그러나 진짜 쥐를 사용한 발명품이 성공할 리가 없었다. 왕발명은 쥐를 방안에 들여놓았다고 어머니에게 실컷 혼만 나고는 하루 종일 목욕탕에서 몸을 닦아야 했다.

그런데도 왕발명은 기죽지 않고 항상 두꺼운 책을 들고 다니며 발명을 하기 위한 연구를 했다. 그런데 이번에 정말 그럴 듯한 발명품을 만든 모양이다. 발명이는 헤벌쭉 벌린 입을 다물지 못하고 말했다.

"이번엔 너희들이 상상도 못했던 깜짝 놀랄만한 발명품이니까. 따라오기나 해!"

왕발명은 그 두꺼운 안경을 코를 찡그려 밀어올리며 자신있게 말했다. 그러자 꺽다리와 자연이는 서로 얼굴을 마주 보았다.

"자연아! 이번엔 정말 근사한 걸 발명한 모양이다. 그치?"

꺽다리가 자연이에게 물었다. 자연이도 할 수 없이 고개를 끄덕였다. 그리고는 한 마디 덧붙였다.

"하지만 이번에는 실패하지 않았으면 좋겠다."

왕발명은 대개 꺽다리와 자연이를 잔뜩 기대에 차있게 하고는 엉터리 발명품을 보여주곤 했기 때문이다. 자연이의 말에 꺽다리도 어깨를 으쓱했다.

"아냐. 이번에는 정말 근사한 거라니까. 날 믿어!"

왕발명은 자연이와 꺽다리가 미심쩍어 하자 애써 설명했다.

아무튼 자연이 일행은 왕발명의 집으로 향했다.

"오, 삼총사가 다 모였구나?"

집에 들어서자 왕발명의 어머니가 꺽다리와 자연이를 반갑게 맞이했다. 왕발명의 어머니는 키가 자그마하고 상냥하신 분이었다. 왕발명의 어머니는 자연이와 꺽다리를 왕발명이의 방으로 안내하고는 맛있는 간식을 준비해서 들고 올라왔다.

"우리 발명이가 이제는 아버지 자동차까지 조립해보겠다고 저 난리를 치는구나, 글쎄."

왕발명의 어머니는 왕발명이 맨날 방에 쳐박혀서는 복잡한 기계나 만지고 있는 게 불만인 모양이었다. 다른 아이들처럼 밖에 나가서 뛰어 놀기도 하고 운동도 하기를 바라고 있는 것이었다.

왕발명의 집은 2층 양옥집이었는데 왕발명이 워낙 발명을 좋아하는 바람에 2층 전체를 왕발명이 모두 독차지하고 있었다. 그래서 2층에 올라가면 온통 왕발명이 어질러 놓은 기계들로 가득차 있었다.

벽에는 온통 과학자 에디슨과 아인슈타인의 사진으로 가득했다.

"엄마는, 그래도 우리 집에 고장난 건 제가 다 고치잖아요?"

왕발명이 한 마디 했다.

사실 왕발명의 집의 모든 기계들은 왕발명의 손을 거쳤다 해도 거짓이 아니었다. 시계에서부터 텔레비전, 오디오까지 혼자서 다 고치곤 했기 때문이다. 학교에서도 선생님이 고장 난 기계가 있으면 왕발명을 부를 정도였다.

이윽고 엄마가 나가자 왕발명은 재빨리 자기 방으로 들어가더니 마이크가 달린 녹음기 모양의 기계를 가지고 나왔다. 자연이는 그 기계를 자세히 보다가 실망했다는 듯 말했다.

"에이, 이거 그냥 녹음기잖아?"

"맞아. 그냥 녹음기잖아?"

꺽다리도 자연이의 말에 맞장구를 쳤다.

"히히히. 겉보기엔 그렇지만 사실은 아니야."

"뭐가 아니야? 녹음기라면 우리 집에도 있어."

자연이와 꺽다리는 아주 실망했다는 얼굴로 다시 되풀이 말했다.

"그러니깐 너희들은 이 왕발명의 머리를 따라오려면 아직 멀었다는 거야."

왕발명이 으스대며 말했다. 그러자 자연이가 물었다.

"좋아, 그럼 이 기계가 뭐가 다르다는 거야?"

그러자 왕발명은 마치 간첩 흉내라도 내듯 주의를 살폈다. 그리고 안심이 안 되었는지 일어나더니 방문을 걸어 잠그고

는 창문의 커튼까지 쳤다. 그리고는 살금살금 걸어와 자리에 앉더니 자연이와 꺽다리의 머리를 자기쪽으로 조용히 끌어

당겼다. 왕발명은 아주 흥분한 얼굴로 숨죽여 속삭였다.
"이제부터 내가 하는 말은 우리끼리만 알고 있는 거야, 알았지?"
어리둥절해진 자연이와 꺽다리는 서로 얼굴을 마주 보았다.
"빨리, 약속해. 알았지?"
"알았어."
자연이와 꺽다리는 왕발명의 말에 함께 대답했다.
"좋았어. 그럼 이제부터 비밀을 말해주지."
왕발명은 재미있게 죽겠다는 얼굴로 잠깐 어흠! 하고 뜸을 들이더니 이윽고 말을 했다.
"이 기계는 지금까지 왕발명이 발명한 것 중 가장 걸작품이야! 이 기계는 동물들이 말을 알아들을 수 있는 통역기야."
"뭐?"
자연이와 꺽다리는 동시에 소리를 질렀다.
"동물들의 말을 알아들을 수 있어?"
꺽다리가 큰 소리로 물었다. 그러자 왕발명이 기겁을 했다.
"아휴! 이 바보야, 그렇게 큰 소리로 말하면 어떻게해?"
왕발명이 깜짝 놀라며 나무라자 꺽다리는 머리를 긁적거렸다.

"하지만 너무 깜짝 놀라서 그랬어, 뭐."

꺽다리는 아직도 왕발명의 말이 믿기지 않는다는 얼굴로 변명했다.

"그래. 꺽다리의 말이 맞아. 나도 믿어지지 않는 말이야."

자연이도 한 마디 했다.

"하지만 이건 사실이야. 꿈이 아니라구!"

왕발명이 말했다. 그리고는 마치 소중한 보물이라도 만지듯 소중하게 그 기계를 쓰다듬었다. 자연이와 꺽다리는 입을 딱 벌린 채 왕발명을 바라보았다. 만약 왕발명의 말이 사실이라면!

"발명아! 당장 이 기계를 학교에 가져가서 아이들에게 자랑하자!"

꺽다리가 자리에서 벌떡 일어나며 외쳤다. 자연이도 꺽다리 못지않게 흥분을 했다.

꺽다리가 소리를 지르자 발명이가 기겁을 하며 손가락을 입에 갖다 댔다.

"꺽달아! 제발 조용히 좀 말해. 누가 이 사실을 듣고 있으면 어떻게 해?"

"누가 듣는다고 그래? 여기엔 우리 말고는 없잖아."

"꺽달아. 이건 아주 최고 비밀이야. 내가 자고 있는 동안에 누가 이 기계를 훔쳐가기라도 하면 어떻게 하니?"

"발명이의 말이 맞아. 밤말은 쥐가 듣고 낮말은 새가 듣는다고 하잖아."

자연이가 아주 어른스럽게 발명이의 말에 맞장구를 쳤다.

"그리고 우린 아직 이 기계를 실험해보지도 않았잖아."

자연이의 이 말은 왕발명과 꺽다리를 갑자기 긴장시켰다.

"맞아, 실험해보지도 않았잖아!"

꺽다리가 앵무새처럼 자연이의 말을 따라 했다.

"그건 걱정하지 않아도 돼."

왕발명이 싱긋 웃음지었다.

자연이와 꺽다리는 동시에 발명이의 얼굴을 쳐다보았다. 발명이는 자신있게 또 한번 씩 웃었다. 발명이의 안경알이 근사하게 반짝거렸다.

새끼 침팬지 루시

다음 날 아침.

자연이는 학교에 갈 시간이 훨씬 많이 남았는데도 새벽같이 일어나 요란하게 학교 등교 준비를 했다.

"엄마! 내 신발주머니! 엄마! 내 운동화 어디에 있어요?"

늦잠꾸러기 자연이가 아침 일찍부터 서두르자 엄마는 이상한 얼굴로 물었다.

"자연이, 오늘 주번이니?"

"아뇨!"

자연이의 얼굴은 계속 싱글벙글 웃음이 떠나지 않고 있었다. 오늘 왕발명의 그 신기한 기계를 가지고 실험을 해보기로 했던 것이다.

"그런데 오늘은 이상하구나. 무슨 좋은 일이라도 생긴 거니?"

"음. 글쎄요?"

자연이는 알쏭달쏭한 말을 남기고는 재빨리 마당으로 뛰어 내려갔다.

"학교에 갔다 올게, 야옹아!"

자연이는 기분좋게 말하고는 야옹이의 목을 긁어주었다. 그런데 야옹이는 오늘도 아무런 반응이 없었다. 자연이는 털복숭이 강아지 '람보'를 쓰다듬어 주려다 말고 다시 야옹이를 쳐다보았다.

"엄마! 야옹이가 이상해요! 정말 어디가 아픈가 봐요!"

"아유, 동물들이란 원래 조금씩은 아프기도 하고 그런 거란다."

엄마가 아무렇지도 않다는 듯 대답했다. 그러나 자연이는 야옹이가 걱정이 되었다. 어제 저녁에도 야옹이가 좋아하는 생선을 살점만 발라서 갖다 주었는데도 안 먹고 그냥 남겨져 있었다.

"야옹아! 아프면 아프다고 말을 해!"

자연이는 걱정스럽게 야옹이의 커다란 눈을 들여다보았다. 그러나 야옹이는 슬픈 듯이 고개만 갸웃하고는 몸을 둥그렇게 하며 꼬리로 얼굴을 감춰버렸다.

학교에 가자 왕발명과 꺽다리가 학교에 제일 먼저 와서 기다리고 있었다.

"발명아, 가져 왔어?"

자연이가 묻자 발명이가 으스대며 커다란 가방을 들어 보였다. 그 가방 안에는 어제 왕발명이 보여주었던 통역기가 들어 있었다.

"이 왕발명이 누구냐? 이름 그대로 왕발명이지."

"으와! 신난다. 그럼 수업이 끝나면 어디로 가는 거야?"

꺽다리가 헤벌쭉 웃으며 발명이에게 물었다.

"어디로 가긴? 동물원으로 가는 거지."

발명이가 대답했다.

이때였다.

"동물원으로 왜 가는데?"

드르륵 교실문이 열리고 뚱뚱보 창수가 나타났다. 뭔가를 입속에 넣고 우물거리며 나타난 창수는 거만한 얼굴로 삼총사를 한번 쭉 훑어보았다. 뜻하지 않게 방해꾼이 나타나자 자연이와 왕발명, 꺽다리는 흠칫 놀라고는 서로 눈치만 살폈다.

어후, 저 고자질쟁이를 어떻게 할까?

자연이가 창수의 말에 얼렁뚱땅 둘러쳤다.

"으-응. 저 동물원에 가보고 싶다는 얘기지, 뭐 꼭 오늘 간다는 건 아냐. 그렇지?"

자연이가 묻자 발명이와 꺽다리가 재빨리 고개를 흔들었다.

"맞아! 늦은 시간에 동물원엔 왜 가겠니?"

"동물원에도 가본 지가 꽤 오래된다, 그치?"

"맞아, 난 1학년 때 가보고 한 번도 안 가봤어."

"이번주 일요일에 한 번 가볼까?"

자연이와 발명이와 꺽다리가 이렇게 둘러치자 창수는 그제서야 약간 이해가 간다는 듯 고개를 끄덕였으나 의심의 눈길은 여전했다.

"동물원에 왜 가느냐고 했지, 오늘 가냐고 물었니?"

너희들 무슨 꿍꿍이가 있는 것 같은데, 나를 빼놓고 가면 어림도 없을걸?"

창수는 이렇게 엄포를 놓고는 자기 자리로 가서 앉았다.

방해꾼 때문에 자연이와 발명이는 학교에 일찍 온 보람도 없이 꼼짝없이 자리만 지키고 앉아 있어야 했다. 밖에 나갈라치면 낌새를 어떻게 알아챘는지 창수가 졸졸졸 뒤따라 다녔기 때문이었다. 자연이는 그 날 하루 종일 어떻게 하면 창수를 따돌릴까만 궁리하고 있었다.

드디어 수업이 끝나자 삼총사는 약속이나 한 듯이 총알같이 운동장으로 뛰어나갔다. 창수를 떼놓을 방법은 그것밖에 없었다. 뚱뚱하기 때문에 행동도 둔할 게 뻔했기 때문이었다.

"헉헉헉. 이제 안심이다. 설마 여기까지 뒤쫓아 온 건 아니겠지?"

교문 밖에까지 와서 제일 운동신경이 둔한 발명이가 숨을 헐떡거리며 물었다.

"여기까지 따라왔을려구?"

꺽다리가 대답했다.

"야, 이젠 빨리 동물원에 가보자."

자연이가 외쳤다. 그런데 이때였다.

"어! 내 가방!"

발명이가 커다랗게 소리를 질렀다. 발명이의 고함 소리에 꺽다리와 자연이는 일제히 발명이를 돌아보았다. 발명이의 손에는 아침에 보았던 그 종이 가방이 들려져 있지를 않았다.

창수를 따돌리는 데에 너무 신경이 쓰인 나머지 깜박 잊고 가방을 교실에 두고 온 것이다.

"우와! 난 몰라."

발명이가 울상을 지으며 소리를 질렀다. 금방이라도 울음을 터뜨릴 것만 같았다.

"내가 빨리 교실에 갔다 올게."

자연이가 울먹울먹하는 발명이를 애써 달랬다. 그리고 재빨리 교실을 향해 뛰기 시작했다. 자연이의 머릿속에는 오직 그 가방을 누가 집어가지는 않았을까 하는 걱정만이 가득했다.

자연이가 교실문을 막 열었을 때였다. 텅 빈 교실에 창수가 혼자 앉아 있는 모습이 보였다. 창수는 뭔가를 들여다보고 있다가 자연이가 들어가자 화들짝 놀랐다.

"어?"

자연이는 창수가 들고 있는 게 발명이의 종이 가방 임을 알아차렸다.

"너 그 가방 어디서 났어?"

자연이가 소리치자 창수는 우물우물하며 뜸을 들이다가 겨우 대답했다.

"응, 교실에서 주웠어."

"그 가방 임자 있는 거란 말야!"

자연이는 갑자기 화가 치밀어서 그 가방을 잡아채려고 했다. 그런데 창수가 그보다 한 발 앞서 가방을 들어 올렸다. 창수는 심술궂게 말했다.

"너희들이 가는 데에 날 데려가 준다면 주고 그렇지 않으면 창문 밖에다 버릴 거야."

창수는 말을 마치고 창문 밖에다 가방을 내밀었다. 교실은 4층에 있었기 때문에 창문에서 가방을 떨어뜨리면 그 속에 있는 통역기는 박살이 날게 뻔했다. 자연이는 화가 머리끝까지 치밀었으나 어쩔 수 없었다.

"알았어."

잠시 후.

발명이와 꺽다리와 자연이는 울며 겨자 먹기로 창수와 함께 동물원으로 향했다. 끝까지 따라붙는 창수가 얄미웠지만 약속은 약속이기 때문이다. 그런데 창수는 눈치없이 계속 과자를 우물거리며 자연이와 꺽다리의 화를 돋구는 말만 했다.

"야, 발명왕, 네가 뭐 에디슨이냐? 아인슈타인이냐? 맨날 엉터리 발명만하고는 사람들을 이렇게 고생시키냐?"

"그러게 누가 따라오랬어?"

"흥. 누가 네 발명품 구경온 줄 알아? 너희들이 무슨 꿍꿍

이를 벌이는지 알려고 온 거지."

"창수야, 제발 부탁이니까 그냥 집에 돌아가."

"싫어!"

창수는 이번에는 입안 가득히 팝콘을 넣고는 우물거리기 시작했다. 발명이는 창수 모르게 자연이와 꺽다리에게 조용히 속삭였다.

"그냥 창수가 있는 데에서 실험하자."

"그러다가 창수가 또 학교에다 소문내면 어떻게해?"

"그럴 때에는 또 방법이 있어."

왕발명이 자연이와 꺽다리의 귀에다 뭐라고 소곤거렸다. 그러자 자연이와 꺽다리는 입이 함지박만하게 벌어졌다.

"와! 역시 왕발명은 다르다니까. 너는 천재야!"

꺽다리는 금방 큰 소리로 떠들었다.

"뭐야? 뭐가 천재라는 거야?"

꺽다리의 말에 창수가 금방 끼어들었다. 자연이와 꺽다리는 창수의 말에 얼버무리며 대답했다.

"아, 아니야."

왕발명 일행은 이윽고 동물원으로 들어왔다.

"어디로 갈까?"

"원숭이 우리로 가자."

꺽다리가 제일 먼저 말했다.

왕발명과 자연이는 조심스럽게 종이 가방을 들고 원숭이 우리로 향했다. 왕발명의 얼굴은 침착했으나 자연이와 꺽다리는 조바심을 내고 있었다.

정말 동물들의 말을 알아들을 수가 있을까? 이 기계가 엉터리라면 또 창수가 거짓 소문을 학교에다가 퍼뜨리고 다닐 텐데.

창수는 창수대로 은근히 다른 속셈을 하고 있었다. 이 녀석들이 무슨 꿍꿍이를 하려는지 이번에는 확실히 알아내고 말 테야. 그래서 이 얄미운 자연이의 코를 납작하게 해줘야지.

마침내 원숭이의 우리로 온 자연이 일행은 두근거리는 마음으로 발명이가 통역기를 종이 가방에서 꺼내는 것을 지켜보았다.

“야, 그런데 너희들 원숭이한테는 왜 온 거야?”

창수가 눈치없이 끼어들었다. 창수는 아까부터 그 종이 가방 속의 녹음기를 어디에 쓸까 하고 궁금하게 여기고 있었다. 까만 털이 수북히 난 침팬지들은 타이어와 동굴 벽에 기대고 앉아 봄햇살을 한가롭게 쬐고 있었다. 그 중 몇 마리는 서로 이를 잡아주고 있느라 등에 난 털을 헤집고 있었다. 왕발명은 통역기를 꺼내서 가장 가까이에 있는 새끼 침팬지에 갖다 댔다.

그 새끼 침팬지는 사람들이 던져 준 바나나를 먹고 있었다.

자연이가 기대에 가득차서 발명이에게 물었다.

"발명아! 뭐라고 말을 시킬 거야?"

"글쎄, 우선 이름이 뭔지 물어볼까?"

발명이가 통역기를 침팬지에게 갖다 대고 물었다.

"원숭이야! 네 이름은 뭐니?"

그리고는 통역기를 작동시켰다. 침팬지는 발명이가 갑자기 통역기를 들이대자 깜짝 놀라서 도망갔다가 이내 다시 되돌아왔다. 그리고 호기심에 가득찬 눈으로 통역기를 손으로 만져보았다. 발명이가 다시 물었다.

"무서워하지마. 우리는 삼총사야. 내 이름은 왕발명이고 얘 이름은 자연이야. 그리고 얘 이름은…."

발명이가 한참 설명하고 있는데 갑자기 침팬지가 말을 했다.

"내 이름은 루시야."

"우아아아!"

갑자기 창수가 괴성을 지르더니 저만큼 도망갔다. 그리고 나무 옆에 숨더니 몸을 부들부들 떨었다. 창수가 갑자기 도망을 가자 침팬지도 덩달아 소리를 지르더니 옆에 있는 엄마 침팬지에게 도망갔다.

"와! 정말 신기하다. 저 침팬지가 말을 했어!"

꺽다리가 신기하다는 듯 외쳤다. 자연이는 입을 딱 벌렸다.

"이때, 깜짝 놀랐지?"

왕발명이 으스대었다.

"정말 너는 대단한 천재야! 와! 굉장해!"

꺽다리가 소리를 지르더니 왕발명의 손을 덥썩 잡았다. 그러자 발명이는 더욱 으쓱해져서 목에 힘을 주었다.

"이 정도는 아무것도 아니야. 이제 두고 보라구."

왕발명은 다시 통역기를 틀었다.

"괜찮아, 루시! 우리는 네 친구들이야."

새끼 침팬지가 주위를 살피더니 다시 조심조심 기어왔다. 그러자 꺽다리가 재빨리 발명이에게 말했다.

"발명아. 이번에는 내가 말해볼게."

왕발명은 선뜻 통역기를 꺽다리에게 주었다. 꺽다리는 통역기를 받아들더니 입에 귀밑까지 찢어져서 한참 요란을 떨었다.

"야, 이거 정말 신나는데. 먼저 무슨 말을 시킬까?"

한참 궁리하던 꺽다리는 손바닥으로 이마를 때렸다.

"아! 맞아. 루시. 너의 엄마는 너한테 무슨 공부를 시키니?"

루시는 꺽다리의 말에 고개를 갸웃하더니 대답했다.

"공부라고? 글쎄. 난 태어난 지 겨우 한 달밖에 안돼서 엄마 젖 빠는 것밖에 할 줄 아는 게 없어. 내가 신기해서 다른 침팬지 아저씨들이 구경하러 오면 엄마는 '저리 가요!' 하고 손으로 흔들어서 내쫓아버려. 난 네 살이 될 때까지 항상 엄마의 품 속에 매달려 있어서 엄마가 뭐든지 다 해줘."

"와! 나도 어릴 때는 엄마가 우유 먹여주고 뭐든지 다 해줬는데."

꺽다리가 혼자말로 중얼거렸다.

"그런데 이제 크면 나무 타는 것도 배워야 하고 할 게 너무 많아. 나뭇가지로 개미 잡는 법도 배워야 하고, 돌멩이로 호두 깨는 법도 배워야 하고, 나뭇잎을 우물우물 씹어서 스폰지처럼 만드는 법도 배워야 해."

"와! 그럼 개미도 먹어?"

"응, 우리는 주로 흰 개미를 먹는데 긴 나뭇가지를 흰 개미 구멍 속에 집어 넣으면 개미들이 그 나뭇가지를 따라올라와. 그럼 그 개미들을 핥아 먹는 거야."

"침팬지들은 정말 머리가 좋구나."

꺽다리가 감탄을 했다. 그러자 루시가 다시 말했다.

"우리들은 너희 인간들의 말도 손짓으로 할 수 있어. 그리고 너희들처럼 학교에 가지는 않지만 우리 또래의 친구들과 잘 사귀는 법도 배워야 해. 친구와 싸우면 어른들한테 벌도 받는걸?"

꺽다리는 침팬지 루시의 이야기가 재미있는지 넋을 잃고

듣고 있었다. 자연이도 마찬가지였다. 특히 자연이는 동물을 워낙 좋아하기 때문에 루시가 자기 친구라도 되는 것처럼 열심히 들었다. 왕발명이 루시에게 불쑥 물었다.

"자연이는 나중에 커서 동물의사가 될 거래. 그래서 지금도 동물들이 아프면 자연이가 다 치료해 준단다."

그러자 루시가 얼굴에 반가운 빛을 띠었다.

"와! 그럼 잘 됐구나. 잠깐 기다려봐!"

루시는 잠깐 사라졌다가 엄마 침팬지를 데리고 나타났다.

엄마 침팬지는 어디가 아픈지 기운이 없어 보였다.

"우리 엄마야."

루시가 소개했다. 그러자 자연이 일행은 엄마 침팬지에게 인사했다.

"안녕하세요?"

"오, 우리 루시 친구들이구나."

엄마 침팬지는 반갑게 인사를 받았다.

"그런데 어디가 아프시다면서요?"

왕발명이 묻자 엄마 침팬지가 시무룩해지더니 말했다.

"으응. 그저께 물을 먹었는데 그 뒤부터는 영 배가 아프고 힘도 없단다."

"네, 물이오?"

자연이가 물었다. 그러자 엄마 침팬지가 심각하게 설명했다.

"그렇단다. 사실 우리는 아프리카에서 왔는데 그곳에서는 자유롭게 물을 마시거나 아무 과일을 먹어도 말짱했는데 이곳에서는 물도 입맛에 안 맞고 나무 잎사귀도 먹으면 탈이 잘 나고는 한단다."

엄마 침팬지가 기운없는 목소리로 설명해 주었다.

엄마 침팬지의 말을 듣고 있던 왕발명이 어른스럽게 고개를 끄덕였다. 자연이도 고개를 끄덕였다.

"우리는 아무 이상이 없는데."

꺽다리가 불쑥 말했다.

"아니야. 우리가 지금 먹고 있는 물은 나쁜 균이 많이 있는 물이야. 그래서 우리 엄마는 항상 물을 끓여 먹거나 약수터에서 물을 길어 먹고는 해."

하고 자연이가 대답했다.

"맞아. 우리는 주로 한강의 물이나 팔당댐 등의 물을 깨끗하게 해서 먹는데 요즘 한강을 가보면 공장에서 나오는 나쁜 폐기물이나 샴푸, 세탁용 세제 등 때문에 물이 굉장히 더러워져 있어."

발명이가 제법 과학자처럼 설명했다.

"맞아, 우리 엄마도 빨래는 당장 불편하더라도 빨래 비누를 쓰거나 설거지도 밀가루로 하는 게 오염이 덜 된다고 했어."

꺽다리도 끼어들었다.

"그것뿐만이 아니라 우리의 쓰레기도 문제야. 우리나라의 환경 쓰레기는 연탄재를 빼고는 나머지가 비닐 종이, 플라스틱, 음식물, 종이 등이 많은데 그 쓰레기들이 자연상태에서 썩어 흙으로 되려면 일반 종이 쓰레기는 5개월, 우유팩은 5년 걸리는데 비닐봉지는 20년이 걸린대."

"와, 20년이나?"

"하지만 플라스틱 용기는 80년이나 걸린대. 그래서 이렇게 버려지는 비닐, 플라스틱을 바닷동물들이 먹이로 잘못 알고 먹어 죽는 일도 있다는 거야."

"와, 정말 심하다."

꺽다리가 화가 나는 듯 소리 질렀다.

"또 우리가 함부로 버리는 건전지 등에는 수은이라는 물질이 있는데, 이 물질은 동물 뿐이 아니라 사람에게도 무척 위험한 물질이래, 그리고 페인트에는 나쁜 중금속 물질이 있는데 그런 것들이 함부로 버려지면 흙에 스며들어 땅 속의 식

물이나 그 식물을 먹고 자라는 동물한테도 나쁜 영향이 생기는 거지. 우리가 먹고 있는 물도 그런 나쁜 물질이 있어서 항상 말썽이 생기는 거야."

왕발명이 제법 유식하게 설명을 하자 엄마 침팬지가 다 듣고 난 후에 왕발명을 칭찬해 주었다.

"너는 정말 아는 게 많구나. 무슨 얘기인지는 잘 모르겠지만 아무튼 아무거나 잘 먹는 우리 침팬지들도 요즘엔 배탈이 자주 나고, 옛날처럼 건강하지 못하단다. 우리는 정말 아무 잎사귀나 잘 먹고 깨끗한 물을 마시고 싶단다."

엄마 침팬지의 말에 루시가 한 마디 덧붙였다.

"엄마, 그럼 비닐봉지도 먹으면 안돼는 거야?"

루시의 말에 자연이와 왕발명은 웃음을 터뜨렸다.

"루시, 비닐봉지는 먹으면 안돼. 비닐봉지는 사람한테도 해롭단다."

엄마 침팬지가 루시에게 친절하게 설명해주었다.

"그럼 루시. 우리는 이만 갈게."

왕발명이 말하자 루시는 그새 정이 들었는지 서운한 표정을 지었다.

"인간 친구들아. 벌써 간다니 서운하다."

"우리 루시를 보러 자주 놀러 오렴."

엄마 침팬지가 왕발명과 자연이와 꺽다리에게 친절하게 말했다. 자연이는 벌써 루시와 헤어진다는 게 섭섭했다. 마음속으로는 루시와 더 오래 있고 싶었다. 아직 어린 루시는 몸도 작고 털도 아직 듬성듬성 났지만 무척 사랑스러운 침팬지였다.

"나중에 또 놀러 올게, 루시야."

자연이는 루시의 손을 잡고는 말했다.

"응, 꼭 다시 놀러와."

루시도 작은 손으로 자연이의 손을 꼭 잡았다.

환경오염의 실태

(메탄 가스의 원인 및 피해)

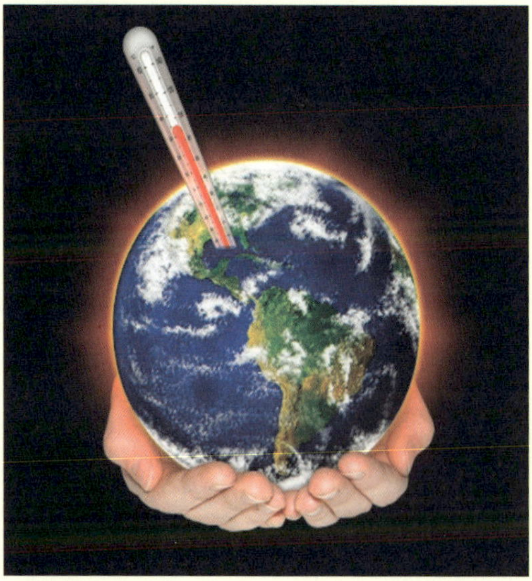

기후변화는 온실효과에 의한 기후의 이상현상을 말합니다.
태양광선에 의해 따뜻하게 가열된 지구 표면에서 발생되는 적외선 중 일부는 대기를 통과해서 우주로 빠져나가고, 나머지 일부는 온실가스에 흡수되어 모든 방향으로 열이 재방출됩니다. 이로 인해 대기와 지구가 더욱 따뜻해지는 것을 온실효과라고 합니다.
온실가스는 공기 중의 이산화탄소, 메탄 등 지구를 따뜻하게 감싸는 기체를 말합니다.

사실 온실가스는 우리에게 꼭 필요하지만 지금은 양이 너무 많아져서 지구를 뜨거워지게 하여 지구온난화를 일으킨다 하겠습니다.
기후변화 국제협약인 교토의정서에서는 6대 온실가스에 대해 관리하고 있습니다. 온실가스별 기여도는 이산화탄소(CO2)가 88.6%로 가장 크고, 메탄(CH4) 4.8%, 아산화질소(N2O) 2.8%, 기타 수소불화탄소(HFCs), 과불화탄소(PFCs), 육불화황(SF6)를 합쳐서 3.8%로 기후변화에 기여합니다,

메탄가스 발생원 - 소

지구 온난화가스로서 초근에 주목을 받고있는 메탄가스의 발생원은 무엇일까요?
메탄가스는 이산화탄소가스에 비하여 분자당 20배 이상의 온실효과를 나타냅니다.
또 해마다 그 증가율은 이산화탄소에 비하여 상당히 급증하고 있는 실정입니다.
그결과, 양적으로는 이산화탄소에 비하여 비교도 않될정도로크며, 메탄가스는 지구온난화의 큰 중요 원인이 되고 있습니다.

지금까지 메탄가스의 주요 발생원으로서 발생량의 순서로 나열하면,습지〉수전〉동물의 장내발효〉천연가스 등으로 나열가능합니다.
또한, 소나 초지동물의 장내발효에의하여 발생하는 메탄가스의 발생원은 천연가스의 2배에 가깝게 함유되어 있습니다. 따라서 소의 자기작용인 트림이 지구온난화에 지대한 영향을 미친다고 판단이 됩니다.

지구 온난화

메탄가스는 이산화탄소(탄산가스)에 이어 지구온난화의 두 번째 원인물질입니다.
메탄은 지구온난화를 일으키는 잠재력이 탄산가스보다 25배나 크기 때문에, 적은 양이 방출되더라도 큰 영향을 끼칩니다.
소는 먹이의 6~7%를 메탄으로 바꾸는데 그 양은 마리당 연 60~113㎏에 이르고 있습니다.

동물들의 하소연

새끼 침팬지 루시와 헤어진 뒤 왕발명 일행이 다른 동물 우리로 찾아가고 있을 때 어디에 숨어 있었는지 갑자기 창수가 튀어나왔다. 창수는 여전히 팝콘 봉지를 들고 우물거리고 있었다.

"야, 왕발명, 너희들 어떻게 그 원숭이하고 말을 했니?"

"원숭이가 아니고 루시라는 침팬지야!"

자연이가 창수에게 톡 쏘아 주었다. 그러자 창수는 심술궂은 웃음을 띠었다.

"어, 어떻게 그 원숭이 이름이 루시라는 걸 알았어?"

"그야, 루시가 말을 했으니…."

꺽다리가 창수의 말에 얼른 대답했으나 옆에서 자연이가 꼬집는 바람에 입을 다물었다.

"너희들 그 기계로 원숭이하고 말했지, 그렇지?"

창수가 아까보다 더 많이 팝콘을 입 속에 가득 넣고 우물거리며 물었다.

창수는 뭔가 심통이 날 때마다 음식을 먹는 버릇이 있었다.

자연이가 퉁명스럽게 대답했다.

"그렇다, 왜?"

"너희들 그 기계 선생님한테 보여줄 거야?"

창수는 뭐든지 선생님하고 엄마에게 일러바치는 나쁜 버릇이 있었다.

"아니."

"그럼 그 기계로 뭐할 건데?"

"이 바보야. 뭐하긴 뭐하니? 너 같은 돼지하고 말할 때 쓰려고 그러지."

옆에서 왕발명이 톡 쏘아붙였다. 그러자 자연이와 꺽다리가 웃음을 터뜨렸다. 창수는 얼굴이 벌개져서 가만히 있더니 불룩 입에 넣고 씹고 있던 팝콘을 갑자기 왕발명의 얼굴에 뿜어댔다. 왕발명의 얼굴은 온통 팝콘 덩어리가 되어버렸다.

"우헤헤헤! 고거 샘통이다!"

창수는 약을 올리더니 도망갔다.

"저 자식이!"

왕발명은 약이 올라서 씨근댔다. 자연이와 꺽다리도 화가 났으나 팝콘이 다닥다닥 붙은 발명이의 얼굴을 보니 그만 웃음이 나왔다.

"하하하하!"

자연이와 꺽다리는 자기도 모르게 배를 잡고 웃어 버렸다.

"뭐가 우스워?"

발명이는 화를 내더니 안경을 벗고는 옷소매로 닦기 시작했다. 그리고 얼른 근처의 수돗가로 가서 얼굴을 씻어댔다.

발명이는 평소에 깔끔하기로 소문난 아이였다. 그런데 갑자기 침이 잔뜩 섞인 팝콘 세례를 받자 잔뜩 약이 올라 있었다.

발명이가 얼굴을 다 씻고 옷소매로 물기를 닦고 있을 때였다.

"아, 배고파. 대나무가 먹고 싶다."

어디선가 이런 말이 들려왔다.

자연이와 꺽다리는 재빨리 주위를 둘러보았다. 주위에는 사람이라곤 한 명도 없고 황새가 있는 우리와 팬더곰이 있는 우리가 있었다.

"황새가 말했을까?"

꺽다리가 자연이에게 물었다. 그러자 자연이는 고개를 가로 저었다.

"황새가 대나무를 먹을 리 없잖아."

"아, 여기 대나무가 있었구나."

또다시 목소리가 들려왔다. 그러자 이번에는 왕발명이 나섰다.

"저 팬더곰이 말한 게 틀림없어."

왕발명은 종이 가방에서 통역기를 꺼내서 팬더곰의 우리 가까이로 다가갔다. 자연이와 꺽다리도 조심스럽게 다가갔다.

그 팬더곰은 키가 꺽다리보다 두 배는 돼보였다. 양쪽 눈에 검은 무늬가 있고 마치 조끼를 입은 것처럼 어깨부분에 검은색 무늬가 있는 그 팬더곰은 왕발명이 다가가자 들고 있던 길쭉한 것을 내밀고 점잖게 말을 걸어왔다.

"너희들, 이 대나무 한 번 먹어볼래?"

왕발명은 깜짝 놀라서 하마터면 통역기를 떨어뜨릴 뻔했

다.

“대나무를 어떻게 먹어요?”

“이 대나무는 어린 새순이라서 아주 연하고 맛도 좋단다.”

팬더곰은 천연덕스럽게 대답하고는 대나무 조각을 들고 우지끈 입 속에 넣고 깨물었다.

“그런데 아저씨 이름은 뭐예요?”

자연이가 조심스럽게 물었다. 팬더곰은 가끔 텔레비전에서나 보았었지 이렇게 실물을 보기는 처음이었다. 가까이서 보니 생각보다 더 몸도 크고 예쁘게 생겼다.

“응, 고향에서는 ‘워워’ 하고 했는데 이곳에 온 후에는 밍키라고 불리운단다.”

“밍키 아저씨는 어디에서 오셨는데요?”

“중국의 워룽 계곡에서 왔는데, 그곳은 정말 좋은 곳이었단다.”

팬더곰은 옛 기억을 더듬는 듯 대나무 씹던 것도 잊고 잠시 말이 없었다. 그러자 왕발명과 자연이 꺽다리도 서로 눈치를 보며 조용히 있었다.

“아저씨는 항상 대나무만 먹고 사나요?”

꺽다리가 불쑥 물었다. 팬더곰은 꺽다리의 질문에 친절하게 설명해 주었다.

"우리는 죽을 때까지 대나무만 먹고 산단다. 그것도 하루에 어마어마하게 많은 양을 먹어 치운단다. 앞발이 잘 발달되어 있어서 여섯째 발가락을 이용해서 먹는데, 이빨이 튼튼해서 아무리 단단한 대나무 껍질도 잘 씹어 먹을 수 있단다. 그대신 영양분을 모두 먹기 위해서 하루 종일 씹는단다."

자연이가 물었다.

"그럼 밍키 아저씨 친구들은 지금 중국에 살고 있나요?"

"우리 왕팬더곰들은 전세계적으로 중국에만 살고 있단다. 왜냐하면 우리의 주식은 대나무인데 그곳이 대나무가 많은 지역이기 때문이지. 그런데 얼마전부터 사람들이 우리가 살고 있는 땅에 자꾸 침범해오는 거야. 대나무밭을 없애고 논과 밭을 만들려는 속셈이지. 그래서 할 수 없이 우리는 이렇게 뿔뿔이 흩어지게 되었단다. 지금 중국에 남아 있는 왕팬더곰의 숫자는 천마리밖에 안된단다."

"어디 가나 사람들이 말썽이군요."

"그렇단다. 지금도 내 사촌 팬더곰들은 그곳에서 살고 있지만 머지 않아 사람들이 대나무숲을 다 없애고 나처럼 동물원 신세가 될 게다."

팬더곰은 아주 슬프다는 듯 그 커다란 눈에 눈물을 글썽였다.

팬더곰의 우리를 방문하고 난 왕발명 일행은 그만 슬퍼져서 더 다른 곳을 둘러볼 마음이 생기지 않았다. 그래서 오늘은 그만하고 집에 돌아가기로 했다. 동물원을 나오면서 꺽다리가 화가 난 목소리로 말했다.

"사람들은 참 나빠. 잘 있는 동물들의 땅을 마구 침범하고, 물도 마구 더럽히고."

"그러는 너는 사람 아니야?"

왕발명이 핀잔을 주자 꺽다리는 아까보다 더 화를 내었다.

"난 아직 어른이 아니잖아."

"맞아. 이 모든 일이 어른들이 만들어 놓은 거야."

자연이가 꺽다리의 말에 맞장구를 쳤다. 자연이도 꺽다리 못지 않게 화가 나 있었던 것이다. 자연이의 말에 왕발명도 고개를 끄덕거렸다.

이윽고 동네로 들어선 왕발명과 꺽다리와 자연이는 힘없이 터덜거리며 걷다가 참새 한 마리가 동네 길가에 쓰러져 있는 것을 발견했다. 자연이는 깜짝 놀라서 얼른 그 참새에게로 달려갔다. 왕발명과 꺽다리도 그 뒤를 따라 뛰어왔다.

"자연아! 왜 그래?"

"왕발명. 이 참새가 많이 아픈가봐!"

자연이는 참새를 조심스럽게 들어 올렸다. 그 참새는 자연

이의 주먹만 했는데 기운이 없는 듯 자연이의 손 위에서 날개만 간신히 파닥거렸다.

"야! 왕발명. 빨리 그 통역기를 갖다 대봐!"

꺽다리가 외쳤다. 그러자 왕발명이 재빨리 통역기를 참새에게 갖다 댔다.

"참새야. 왜 그러니?"

참새는 가냘픈 목소리로 간신히 대답했다.

"저…며칠 동안 아무것도 못 먹어서 그만 기운이 빠진 거란다."

그리고는 더 말을 잇지 못했다.

"왕발명. 이 참새가 금방 죽을 것 같애."

자연이는 당황하여 소리 질렀다. 자연이가 그 참새를 손에 올려놓으며 말했다.

"우선 집에 데려다 놓고 음식을 줘야겠어."

"그래, 그거 좋은 생각이다."

꺽다리가 찬성했다. 하지만 왕발명은 그렇지 않았다.

"그럼 너네 집에 있는 야옹이가 싫어할 텐데? 고양이하고 새는 서로 앙숙이라고 하잖아."

꺽다리도 끼어들었다.

"맞아. 톰과 제리에서도 톰이 새를 막 못살게 굴었어."

자연이의 얼굴은 울상이 되었다. 참새가 가여워서 견딜 수가 없었다.

"그럼 이 참새를 그냥 두고 가자구?"

"아냐. 우리 집에 데려다 놓으면 돼."

왕발명이 안경을 치켜 올리며 말했다. 그 말에 자연이와 꺽다리의 눈이 휘둥그래졌다. 왕발명은 기계 만지는 것은 좋아

하지만 동물은 싫어했기 때문이다.

"네가?"

꺽다리가 비명에 가까운 소리를 질렀다. 왕발명은 다시 한 번 안경을 치켜 올리며 쑥스럽다는 듯 말했다.

"왜 나는 동물을 키우면 안돼니?"

왕발명은 그렇게 말하고는 자연이의 손에서 참새를 받아 들었다. 그리고 꺽다리와 자연이를 향해서 인사를 하고는 가 버렸다.

환경오염의 실태

(세계 3대 환경단체의 탄생과역할)

WWF
1961년 9월에 설립된 WWF는 스위스 그란에 본부를 둔 세계 최대의 민간자연보호단체로, 영국 런던동물원에 첫선을 보였던 판다 [치치]가 이 기구의 로고이다. WWF의 당초 명칭은 세계야생생물기금(World Wildlife Fund)이였다.

▲ 동식물 보호를 위해 WWF가 선정하는 멸종위기 동식물은 세계 각국 언론에 소개될 정도로 유명하다.
▲ WWF는 매년 1백50여개 국가를 대상으로 조사한 결과를 토대로 '사용 생태량' 보고서를 작성한다.

그린피스 [Greenpeace]
요약1971년 설립된 국제 환경보호단체로서 핵실험 반대와 자연보호운동 등을 통하여 지구의 환경을 보존하고 평화를 증진시키기 위한 활동을 펼치고 있다. 40여 개국에 지부를 두고 있으며, 본부는 네덜란드 암스테르담에 있다.

그린피스호
그린피스 환경조사팀은 한국의 자연보호 실태를 알아보기 위해 1994년 4월 소유선박 그린피스호 편으로 방문하였다.

지구의 벗 [Friends of Earth, 地球—]
1969년 9월 시에라클럽의 데이비드 블로워(David Brower)가 미국 샌프란시스코에서 설립하였다. 1971년 프랑스 스웨덴 영국 미국 등 4개국의 지구의 벗 조직에 의해 국제 지구의 벗(FoEI:Friends of Earth International)이 결성된 후로 세계 각지에 네트워크가 확산되면서, 그린피스 세계자연보호기금과 더불어 세계 3대 민간환경단체가 되었다. 2004년 3월 현재 세계 38개국에 지부를 두고 있다. 그밖에 52개국에서 '지구의 벗'이라는 명칭을 사용하는 단체가 있다. 이들은 팩스 텔렉스 전자우편 등을 통해 협력관계를 유지하고는 있지만, 활동은 독자적으로 한다.

Friends of the Earth

지구의 벗은 지속가능한 사회를 지향하여, 환경보호를 위한 조사 연구 제안 해외지원 정보제공 등의 활동을 벌이고 있으며, 세계 각지에서 지구온난화 방지, 삼림보존, 오존층의 보호, 생물다양성의 보존, 기타 현실적 문제로 떠오른 여러 분야의 환경문제에 대처하고 있다.

참새와 삼총사

그 날 밤 자연이는 한숨도 잠을 잘 수가 없었다.

한꺼번에 너무 많은 일이 생겨서 뭐가 뭔지 알 수가 없고, 모든 게 꿈만 같았다. 동물들의 말을 알아들을 수가 있다니, 도무지 믿기지 않았다. 하지만 더욱 믿기지 않는 것은 동물들이 그렇게 사람들한테서 많은 피해를 받고 있었다는 것이었다. 자연이는 그 날 밤 참새가 되어 어른이 된 창수에게서 쫓기는 꿈을 꾸었다.

다음날 아침이 되자 자연이는 밤새 쫓기는 꿈을 꾸어서 푸석 푸석해진 눈을 비비며 일어났다.

오늘은 일요일이었다. 그래서 늦잠도 잘 수가 있었지만 자연이는 일찍 일어났다. 한시라도 빨리 왕발명의 집에 있는 참새에게 가봐야 했기 때문이었다.

간밤에 혹시 왕발명이 참새를 데리고 자다가 깔아 뭉개지는 않았을까?

아니면 밤새 기운이 생겨서 날아가 버리지는 않았을까?

별의별 생각이 다 떠올라서 자연이는 잔뜩 조바심이나 견딜 수가 없었던 것이다. 그래서 아침밥도 먹는 둥 마는 둥하며 재빨리 집을 뛰어나갔다.

"아참."

대문을 나가던 자연이는 밤새 끙끙 앓고 있던 야옹이에게 도로 달려왔다.

"야옹아. 이제는 괜찮니?"

야옹이는 야옹! 하고 조그맣게 말하고는 혀를 내밀어 자연이의 손을 핥았다.

"갔다 올게. 야옹아!"

자연이는 말하고는 다시 씽하고 대문을 나갔다. 그러자 자연이의 엄마가 뒤에서 소리를 질렀다.

"자연아! 어디에 가니? 오늘은 얌전히 앉아서 공부좀 해야지!"

"알았어요, 엄마. 갔다 와서 공부할게요!"

자연이는 벌써 저만치 뛰어가며 대답했다.

왕발명의 집에는 어느 새 꺽다리가 먼저 와 있었다. 발명이는 자연이가 방에 들어오자 방 한구석에 앉아 있다가 일어났다.

"참새는 어디에 있어?"

자연이는 방에 들어서자마자 물었다. 이때였다.

"안녕! 자연아~"

갑자기 어딘가에서 맑고 낭랑한 목소리가 들려왔다.

"어?"

자연이는 깜짝 놀라서 주위를 둘러보았다.

"하하하하!"

왕발명과 꺽다리가 갑자기 요란한 웃음을 터뜨렸다. 자연이는 그제서야 그 목소리의 주인공이 누구인지 깨달았다. 자연이는 주위를 둘러보다가 창가에서 폭신폭신한 쿠션 위에 얹혀져 있는 참새를 발견했다.

"와! 많이 나았나 보구나?"

자연이는 그 참새를 향해 재빨리 뛰어갔다. 참새는 어제보다 훨씬 건강해져 있었다. 참새는 자연이를 보자 명랑하게 종알대기 시작했다.

"덕분에 많이 나았어. 너희들이 아니었으면 난 정말 큰일 났을 거야."

자연이는 너무 기쁜 마음에 그만 참새를 끌어 안고 싶어졌으나 끌어안으면 다칠까봐 꾹 참았다. 자연이는 정말 마음이 고운 애였다.

"이젠 이 참새를 날려 보내줘야지."

꺽다리가 옆에서 끼어들었다.

"뭐?"

자연이는 깜짝 놀랐다.

"엄마가 그러는데 참새는 집에서 기르는 동물이 아니라서 다시 하늘로 돌려보내줘야 한 대."

그러자 자연이는 아직 참새를 돌려보내고 싶지 않았다. 참새는 아직 몸이 다 나은 것같이 보이진 않았다. 자연이는 그만 시무룩해져서 대답했다.

"하지만 더 있다가 날려보내면 안돼?"

자연이가 너무 실망하자 왕발명은 싱긋 웃었다.

"물론 지금은 아니야. 참새의 몸이 다 완쾌되면."

"와, 정말이야?"

자연이는 너무 기뻐서 환호성을 지를 뻔했다. 참새도 기쁜지 다시 종알대기 시작했다.

"와! 신난다. 사실 나도 그 무서운 곳으로 돌아가기 싫었는데."

그런데 이 때 문이 열리며 왕발명의 어머니가 들어왔다.

"아니, 어디에서 여자 아이의 목소리가 들려오니, 발명아? 여자 친구도 데려왔니?"

자연이와 왕발명, 꺽다리는 도둑질하다 들킨 사람처럼 깜짝 놀랐다. 왕발명이 서둘러 변명했다.

"아니야, 엄마. 여자 친구는 무슨."

"그런데 여자 아이의 목소리가 들려왔는데?"

왕발명의 어머니는 여간 의심이 많은 분이 아니었다. 왕발명의 어머니는 삼총사가 너무 당황해하자 도리어 이상하다는 눈빛으로 삼총사의 얼굴을 찬찬히 훑어보았다. 자연이는

슬그머니 참새 앞에 서서 참새를 가렸다. 왕발명의 어머니는 동물 알레르기가 있어서 동물을 보기만 해도 재채기를 하기 때문이었다.

"그런데 너희들 왜 이렇게 놀래냐? 무슨 잘못이라도 저지른 거니?"

역시 왕발명의 어머니답게 눈치가 빨랐다.

"엄마는 무슨 잘못을 저질렀다고 해요?"

왕발명은 얼렁뚱땅 말하며 재빨리 어머니를 밖으로 내몰았다.

"엄마, 얘네들 아침 먹고 왔다니깐 간식이나 좀 주세요. 알았죠?"

"아, 알았다. 간식은 어떤 걸로 줄까?"

"아무거나 먹는 거면 돼요. 아 참, 그리고 좁쌀 있으면 조금만 주시고요."

"좁쌀?"

왕발명의 어머니는 나가려다 말고 다시 들어왔다.

"네, 좁쌀이오. 볍씨나 음식 찌꺼기면 더 좋고요."

왕발명은 서둘러 말하고는 다시 어머니를 내몰고 문을 닫

았다.

"발명아! 발명아!"

왕발명의 어머니는 서너 번 문을 두들기다가 이내 포기하고는 쿵쾅거리며 사라졌다.

"휴, 큰일날 뻔했네."

왕발명이 가슴을 쓸어내렸다. 그러자 꺽다리가 심각하게 물었다.

"그런데 발명아. 이제 어떻게 할 거야?"

"뭐가?"

"그 통역기 말야. 우리끼리만 알고 있을 거야?"

"흠."

"만약에 그 통역기를 과학발명대회에 내면 너는 굉장한 상을 받을 거야."

꺽다리가 오랜만에 진지하게 말을 했다. 그러자 왕발명은 생각에 잠겼다.

"그리고 너는 굉장한 꼬마 과학자가 되는 거야."

"흠."

"누가 아니? 다른 세계적인 나라에서 너를 서로 모셔가려고 할지?"

"글쎄."

왕발명은 심각한 얼굴로 대답했다. 자연이는 왕발명을 보며 말했다.

"하지만 나는 네가 유명해지는 거 싫어."

"왜?"

"그럼 너는 텔레비전에도 나오고 어쩌면 대통령도 만나게 될지도 모르는데 그럼 다른 아이들이 사인해 달라고 그럴 거 아냐?"

"그렇겠지."

"그럼 너하고 자주 만날 수가 없잖아."

"그럴지도 모르지. 나는 스타가 되어 있을 테니까."

왕발명이 으스대며 대답했다. 왕발명은 속으로 자기가 스타가 되어 있는 모습을 그려 보았다.

사진기자들이 여기저기에서 사진을 찍어대고 기계는 소중히 연구소로 모셔지고 자기는 세계에서 가장 어린 과학자가 되는 것이다.

상상만 해도 기분이 좋지 않을 수가 없었다.

"히히히."

왕발명은 자기도 모르게 웃음을 지었다.

창수의 음모

그런데 이런 상상을 하고 있는 사람은 왕발명 뿐이 아니었다. 뚱뚱보 창수는 자기 친구들을 모두 모아 놓고 교육을 시키고 있다. 그 친구들은 학교에서도 깡패로 소문난 아이들이었다. 걸핏하면 친구들의 돈이나 빼앗고 시험지 답이나 보여 달라고 친구들을 못살게 구는 나쁜 아이들이었다.

"애들아. 알았지? 이제 내가 가르쳐준 구호를 불러봐!"

창수의 말에 그 아이들은 일제히 구호를 외치기 시작했다.

"해가 떠도 통역기! 달이 져도 통역기! 통역기를 빼앗자!"

"좋았어. 그런데 내가 가르쳐준 나머지 구호가 빠졌잖아."

"에이, 창수야, 그것도 꼭 해야 돼?"

한 아이가 불만스럽게 물었다. 그러자 창수는 당연하다는 듯 말했다.

"물론이지. 자 빨리 해봐!"

"해가 떠도 통역기! 달이 져도 통역기! 통역기를 빼앗자!… 우리 두목 창수 만만세!"

"좋았어. 이제 이 형이 맛있는 햄버거 사줄 테니까 날 따라와!"

창수가 말하자 아이들이 일제히 환호성을 질렀다.

"와! 신난다!"

"창수야! 난 피자 사줘!"

"나는 떡볶이!"

"에이, 얘는 촌스럽게 떡볶이가 뭐냐?"

그 아이들은 떠들썩하게 말하며 병아리처럼 창수의 뒤를 졸졸 따라갔다. 창수는 입가에 심술궂은 웃음을 지었다.

"히히. 삼총사 두고 봐. 나는 너희보다 숫자가 더 많은 사총사다. 이제 그 통역기만 나한테 들어오면 너희들은 모두 나한테 쩔쩔매야 될 걸? 으와, 생각만 해도 신난다."

창수는 조무래기 동생들과 함께 그 뚱뚱한 몸을 뒤뚱거리며 걷기 시작했다.

이런 사실을 전혀 꿈도 못 꾸고 있는 삼총사는 참새를 둘러싸고 의견이 분분했다.

"야, 왕발명. 그 참새한테 먹이를 줘야지."

꺽다리가 왕발명에게 물었다.

"그보다 먼저 참새를 깨끗이 씻겨야겠어. 너무 지저분하다."

왕발명이 대답했다. 그러고보니 그 참새는 여기저기에 시커먼 먼지가 잔뜩 끼어서 까마귀 사촌같이 생겼다. 참새는 왕발명이 그렇게 말하자 부끄러운 것 같았다.

"너희들 잘 모르겠지만 이곳 도시의 공기는 매우 더럽단다. 나는 하늘을 항상 날아다니기 때문에 잘 알 수 있어, 나뿐만 아니라 비둘기나 제비 친구들도 새까맣고 더럽단다."

"그건 그럴 거야."

왕발명이 대답했다.

"지금 지구는 온갖 더러운 매연으로 가득차 있는데 그 매연들은 자동차 배기 가스, 공장들에서 내뿜는 해로운 유독물질, 형이나 누나들이 쓰는 스프레이 등으로 지구 온난화 현상이 생기고 있어."

"지구 온난화 현상이 뭔데?"

꺽다리가 옆에서 물었다.

"그건 말 그대로 지구의 온도가 점점 높아지는 기후변화 현상을 말해. 그러니깐 겨울에도 겨울같지 않게 따뜻해지는 것과 똑같은 거야. 그건 또 지구 온실화 현상 때문에 생기는 거지."

"지구 온실화 현상은 또 뭐야? 와, 왕발명 너는 정말 아는 것도 굉장히 많구나."

꺽다리가 칭찬하자 왕발명은 으쓱해하면서 대답했다.

"이 왕발명이 누구냐? 왕발명이지."

그리고 왕발명은 마치 학자처럼 점잖게 설명을 시작했다.

"우리 지구에는 구름층 밖으로 내보내는 적외선이라는 열이 있는데 이것은 눈에 보이지 않지만 매우 뜨거운 열이야. 그런데 아까 말한 것처럼 자동차 배기 가스, 스프레이, 공장에서 나오는 유독물질 등이 두꺼운 층으로 만들어져 지구를 에워싸고 있어서 지구 밖으로 나가는 적외선을 모조리 흡수하고 있는 거야. 이게 바로 지구 온실화 현상이지. 쉽게 말하면 남산 식물원에 가보면 식물원의 열이 바깥으로 나가는 것

을 막기 위해 두꺼운 유리로 햇빛만 내리쬐게 하고 열은 바깥으로 나가지 못하게 하는 것과 똑같은 거야."

"와, 그럼 지구가 남산 식물원처럼 덥게 되는 거야?"

"물론이지. 그래서 지금 남극이나 북극에 있는 빙하들이 해마다 조금씩 녹고 있다는 거야."

"남극이나 북극의 얼음들이 녹으면 우리 집은 수영장이 되겠네?"

꺽다리가 재미있는 일이라도 생긴 것처럼 신이 나서 말했다.

"어휴, 이 바보야. 그럼 너는 계속 헤엄쳐 다녀야 하는 거야."

왕발명이 답답한 얼굴로 핀잔을 주자 꺽다리는 머리를 긁적거렸다.

"어때? 난 수영 좋아하는데."

"어휴. 그럼 너희 할아버지도 수영 좋아하시니?"

왕발명이 묻자 그때서야 꺽다리는 픽 웃었다.

"맞아, 우리 할아버지는 나이가 많으셔서 수영을 못하실 거야."

지금까지 가만히 듣고만 있던 자연이가 왕발명에게 물었다.

"그럼 지구 온실화 현상을 막아야지, 그냥 있으면 안돼잖아."

"자연이 말이 맞아. 그래서 지난 1992년 6월에는 세계 여러 나라들이 모여서 지구 환경에 대해 회의를 가졌어. 그것은 말하자면 지구 온실화 현상을 부채질하고 있는 여러 나쁜 물질들을 세계 나라에서 조금씩 줄여 쓰자는 내용이었는데 그 중에서 가장 심각하게 논의되었던 것은 자동차 배기가스에서 나오는 이산화탄소를 줄이자는 거였고, 그리고 또 하나는 스프레이로 사용되는 프레온 가스를 적게 쓰자는 내용이었어. 그래서 스위스에는 요즘 대학생들이 자동차를 타지 말고 자전거를 타고 다니자는 내용의 데모를 벌이고 있다고 하는 거야."

"발명이의 말을 듣고 있으려니까 정말 우리같은 새들의 고충은 아무것도 아니었구나."

그때까지 듣고만 있던 참새가 끼어들었다. 참새의 말에 왕발명은 깜짝 놀랐다.

"아니야. 너희 새들의 환경문제도 정말 심각해. 지금 우리나라의 섬에는 많은 철새들이 보금자리를 잃고 헤매고 있어. 옛날에는 맑고 깨끗한 물들이 요즘에는 공장 폐기물 때문에 기름으로 더럽혀져 있고, 하수구에서 마구 나오는 세탁용 세제 때문에 온통 더럽혀져 있어. 그래서 더 이상 발을 못 붙이고 다른 곳으로 날아가는 철새들도 많이 있단다. 지금 우리 지구에는 매일 300종의 생물이 멸종되가고 있대. 이 모두가 사람들이 만들어 내는 나쁜 물질 때문이지.”

“맞아, 우리 참새들도 사실은 마실 물을 구하기가 흔치 않단다. 우리 할머니 때에는 그래도 개울이나 저수지나 우물에서 쉽게 물을 마셨는데 지금은 당장 한 모금만 마시려고 해도 공원이나 개천, 더러운 하수도에 가서 먹어야 하는 딱한 상태란다. 그리고 공원에 가도 수도꼭지가 잠겨 있거나 사람들이 차지하고 있어서 우리는 그냥 구경만 하고 와야 돼.”

“그래서 몸이 그렇게 더럽구나.”

꺽다리가 참새에게 말했다. 참새는 아까보다 더 부끄러운 듯했다.

“하지만 꺽달아. 우리 참새들도 마실 물도 걱정이지만 당장 잘 곳과 먹을 음식도 항상 걱정이란다. 논바닥이라면 벌레나 볍씨 같은 것을 쉽게 구할 수 있겠지만 도시에서는 온통 아스팔트 뿐이라서 라면이나 과자 부스러기를 먹고 사는데 가끔 친구 참새들은 철사나 플라스틱을 먹고 죽는 경우도 있어 그리고 자는 곳도 시골이라면 지푸라기나 기와지붕에 들어가 자면 되지만 우리 도시 참새들은 전봇대나 구멍 뚫린

간판 속에 기어들어가 자기도 한단다. 어떤 때는 깨진 신호등 속에 들어가 자는 경우도 있어."

"정말 불쌍하구나."

자연이가 벌써 눈물을 글썽였다. 이때 방문에서 노크 소리가 났다.

"발명아. 엄마가 간식 준비해왔다."

그러자 자연이가 재빨리 참새를 등으로 가리고 앉았다.

"들어오세요. 엄마."

문이 열리고 커다란 쟁반을 든 왕발명의 어머니가 들어왔다. 쟁반 위에는 삼총사가 제일 좋아하는 피자와 콜라가 있었다. 그리고 한쪽에는 왕발명이 갖다 달라고 한 좁쌀이 한 줌 담겨져 있었다.

"자, 맛있는 간식이다. 마음껏 먹고 놀다 가렴."

"와! 피자다!"

꺽다리가 환호성을 질렀다. 그러나 자연이는 약간 시무룩해 있었다.

"아니, 자연이는 왜 표정이 그러니? 피자 싫어하니?"

"아니오. 그런데 우리 엄마는 피자나 햄버거 같은 것보다는 부침개나 떡같은 게 더 좋다고 하셨거든요. 그리고 콜라보다는 수정과나 감주가 더 몸에 좋다고 하셨어요."

"부침개보다는 피자가 훨씬 더 맛있는데 왜 그러니?"

꺽다리가 벌써 피자를 한입 베어 먹으면서 물었다. 그러자 옆에 있던 왕발명도 한 마디했다.

"난 부침개는 밋밋하고 맛이 없어. 피자나 햄버거가 더 좋아."

그러자 왕발명의 어머니가 웃으며 말했다.

“호호호! 자연이네 엄마는 정성이 담긴 음식을 많이 해주시는 모양이구나? 사실 우리가 너만 할 때는 이런 피자나 햄버거 같은 음식은 상상도 못했단다. 요즘에 와서 사람들이 서양 음식을 워낙 좋아해서 그렇지. 하지만 우리 음식에도 얼마든지 맛있는 음식이 많단다. 다음 번에는 이 아줌마가 부침개를 맛있게 해주마.”

왕발명의 엄마가 나가자 발명이가 재빨리 자연이를 툭 쳤다.

“부침개보다는 피자가 더 맛있는데.”

“그래? 하지만 우리 엄마가 해주는 부침개 먹으면 그런 소리 못할걸.”

자연이와 왕발명이 서로 아웅다웅하고 있을 때였다.

“애들아. 나도 좁쌀 좀 나눠주려무나.”

참새가 끼어들었다.

“어! 주인공을 빼놓고 우리만 푸짐하게 먹고 있었네?”

꺽다리가 머리를 긁적이며 혼자말로 중얼거렸다.

“아, 참 그렇구나? 하하하!”

삼총사는 피자를 먹다 말고 갑자기 웃음을 터뜨렸다.

환경오염의 실태

(아름다운 대한민국을 지키자)

대한민국
영어 명칭은 Republic of Korea. 남쪽으로는 1,000㎞에 이르며, 북쪽으로는 중국 러시아와 접경을 이루고 있다. 국토의 70%가 산악 지역으로 서해로는 완만한 경사를 이루며, 동해로는 급격한 경사를 이룬다. 또한 국토의 면적에 비하여 강이 많은 편이다. 기후는 사계절이 뚜렷하여 덥고 습한 여름과 춥고 건조한 겨울은 길고, 상쾌하고 청명한 날의 봄 가을은 비교적 짧다. 기온은 겨울에는 영하 15℃로 내려가고, 여름에는 34℃로 올라간다.

백두산
함경남도와 함경북도 그리고 중국 동북지 방의 길림성이 접하는 국경에 걸쳐 있는 우리 나라 최고의 산. 높이 2,744m. 삼국유사 고조선시대에 인용된 고기의 기록에 따르면 일찍이 백두산이 우리 한민족의 발상지로 나타나고 있다.

환경문제의 대두
우리나라는 1960년대 후반부터 이룩한 고도의 경제성장과 더불어 환경오염문제가 대두하였다. 산업화와 비례해 환경오염은 급속하게 증가한데 비해, 이에 대한 적절한 예방과 방지에 대한 정책의지는 상대적으로 부실했기 때문에 대기오염 수질오염 토양오염 소음 등의 문제가 날로 급증하였다

경제발전과 환경훼손
경제발전에는 환경 훼손이 항상 뒤따른다는 것은 세계 각국의 경제개발정책 수행에 있어서 항상 지적되는 문제이다. 선진공업국의 다수가 경제개발과 더불어 자연환경을 훼손시킴으로써 돌이킬 수 없는 어려움을 경험하고 있다.

환경의 훼손
환경의 훼손은 지진 화산 태풍 해일과 같은 자연현상에 의해서도 이루어지지만, 현대 사회에서는 주로 인간에 의해 나타난다. 인간활동에 의한 자연환경의 훼손은 자연자원의 고갈과 자연환경의 오염 및 자연경관의 파괴로 나눌 수 있다.

산업화의 폐해
산업화와 더불어 가속되는 도시화는 다양한 도시문제를 야기하고 있다. 도시화는 인구의 도시집중과 함께 물자와 기술 및 정보의 집중을 동반하며 인공시설의 과밀을 가져온다. 밀집된 도시일수록 공공기관 고층빌딩 공장 일반가정 등에서 배출되는 매연과 검댕 연탄가스 등과 자동차 배기가스 쓰레기 공장폐수 가정용하수 등이 더 많아진다.

빼앗긴 통역기

한편 창수는 친구들과 함께 왕발명의 집밖에 숨어 있었다. 왕발명이 나오면 따라붙어서 그 통역기를 빼앗을 생각이었던 것이다. 정말 창수는 그 체격만큼이나 욕심이 많은 아이였다. 그런데 아무리 기다려도 삼총사는 나올 생각을 하지 않았다. 약 1 시간이 지나자 친구들이 옆에서 투덜대기 시작했다.

"창수야. 날씨도 쌀쌀한데 이제 그만 돌아가자."

"안돼. 그 녀석들이 나올 때까지 기다려야 돼."

창수는 끈기있게 계속 기다렸다. 공부를 이렇게 했으면 아마 일등을 하고도 남았을 것이다. 그러나 창수는 공부와는 담을 쌓고 있었다. 책만 들고 있으면 하품부터 나오고 딴 생각이 나는 것이다.

그래도 창수의 엄마는 학교 자모회 회장이라서 엄마의 극성으로 인해 반장도 해본 적이 있었다. 창수의 어머니는 항상 창수 칭찬하느라 시간 가는 줄 모르는 사람이었다. 그래서 학교에 오면 창수의 친구들을 데리고 나가서 맛있는 음식들을 듬뿍 사주곤 했다. 그럼 창수는 더욱 으쓱해서 친구들을 마치 자기 신하라도 되는 것처럼 함부로 대하곤 했다.

그런데 삼총사만 유난히 자기를 싫어하고 따돌리고 있어서 창수는 더욱 약이 올랐다. 어떻게 하면 그 녀석들을 꼼짝못하게 할까. 그것만이 요즘 창수의 최대 고민이었다. 창수는 왕발명의 그 통역기를 빼앗아서 삼총사가 자기에게 꼼짝 못하는 꼴을 보고 싶어서 벌써부터 온몸이 근질거리고 있었다.

약 30분쯤 더 기다렸을까.

드디어 요란하게 떠들며 삼총사가 대문을 나왔다.

"애들아, 행동 개시!"

창수가 친구들에게 작게 속삭였다. 그러자 친구들은 바짝 긴장해서 담벼락에 몸을 기댔다.

"애들아. 적당한 기회를 봐서 저 통역기를 들고 내 빼는 거야, 알았지?"

창수는 마치 자기가 비밀 첩보원이라도 되는 듯 제법 분위기를 잡으며 심각하게 지시를 내렸다. 이런 방면으로는 머리가 잘 돌아가는 창수였다. 창수는 재빨리 삼총사가 그 통역기를 들고 나왔는지 확인했다. 역시 그 통역기는 왕발명이 보물단지처럼 소중하게 안고 있었다.

"히히. 됐어."

창수는 자기도 모르게 실실 웃음을 지었다. 으와! 저 통역기는 이제 내거다.

"애들아, 저 녀석들을 미행하자."

창수가 지시하자 아이들이 재빨리 한 줄로 서서 창수의 몸 뒤로 숨었다. 그렇게 하면 창수의 몸에 가려 눈에 띌 염려가 없기 때문이었다. 창수는 조심조심 삼총사의 뒤를 따라가기 시작했다. 삼총사는 뭐가 그리 재미있는지 떠들썩하게 웃음을 터뜨리며 걸어가고 있었다.

"어. 그런데 저게 뭐지?"

갑자기 한 아이가 창수에게 물었다.

"뭐가?"

"자연이가 손에 들고 있는 거 말야!"

창수는 그 아이의 말에 자연이의 손을 유심히 살펴보았다. 장말 자연이는 뭔가 작은 것을 들고 있었다.

"어, 저거 참새 아냐?"

"어, 정말."

창수는 그제서야 그 작은 게 참새라는 것을 깨달았다. 그 참새는 자연이의 손에서 도망도 안가고 날개를 파닥거리고 있었다. 자연이는 마치 참새와 친구라도 되는지 참새에게 계속 말을 시키고 있었다.

"재네들. 머리가 어떻게 된 거 아냐?"

"글쎄 말야. 참새와 이야기라도 하는 것처럼 말야."

아이들이 창수의 뒤에서 수군댔다.

"히히히."

창수는 입이 쭉 벌어졌다. 확실히 그 통역기를 이용해서 동물들과 이야기하고 있는게 분명하다. 창수는 엉큼하게 아직 친구들에게는 아무 말도 하지 않았다. 자기 혼자서 그 통역기를 독차지하려는 욕심이 생겼기 때문이었다.

창수 일당이 자기들의 뒤를 쫓고 있다는 것을 꿈에도 모르

는 삼총사는 즐겁게 대화를 나누며 발걸음을 재촉하고 있었다. 그들은 지금 참새에게 알맞은 보금자리를 만들어주러 가고 있는 중이었다.

참새는 이제 완전히 기운이 되돌아왔지만 막상 날아가면 잘 곳이 없었기 때문이었다. 그래서 삼총사는 깨끗한 물이 가까이 있는 곳에다 지푸라기를 이용해서 참새의 둥우리를 만들 계획이었다.

"정말 고맙다. 너희들을 만난 것은 정말 행운이야."

참새가 기쁜 얼굴로 계속 종알댔다.

"아니야. 참새야. 따지고 보면 너희가 이렇게 고생하는 것도 우리 인간들 때문인데 도리어 우리가 너희들에게 사과를 해야지."

자연이가 참새에게 대답했다.

"정말 너희들은 마음씨 고운 아이들이야. 모든 아이들이

너희 같았으면 우리는 마음 놓고 수돗가에서 물도 마실 수 있을 거야."

"헤헤, 뭘."

꺽다리가 쑥스러운 듯 머리를 긁적이고는 왕발명을 보며 말했다.

"사실 우리 왕발명이 아니었으면 우리는 너희들이 말할 줄 안다는 것을 몰랐을 거야."

"호호호. 사실 우리 동물들은 각자 언어가 있단다. 단지 너희들이 그걸 못 알아들을 뿐이지."

"헤헤, 그런가?"

참새의 말에 꺽다리는 다시 머리를 긁적였다.

그들은 이윽고 자연이의 집 뒤쪽에 있는 작은 산으로 올라갔다.

그곳에는 약수터가 있어서 어른들이 이른 아침부터 운동을 하고 있는 곳이었다. 점심시간이 지났는데도 많은 사람들이 나와서 약수물을 긷고 있었다.

산중턱에는 나무들이 울창하게 우거져 있어서 공기가 매우 맑았다. 나무에는 싱싱한 물기가 오르고 벌써 파릇파릇 새싹들이 돋아나고 있었다.

"와! 정말 기분이 좋구나!"

왕발명이 커다랗게 소리를 질렀다.

"나도야."

꺽다리가 맞장구를 쳤다.

"참새야. 어때 마음에 드니?"

자연이가 손에 들려져 있는 참새에게 물었다. 참새는 매우 기쁜 모양이었다.

"응. 내가 지내기에는 참 좋은 곳이구나!"

참새는 자연이의 손에서 벗어나 날개를 파닥거리며 공중으로 날아올랐다. 그리고 하늘로 올라가 금방 점처럼 작게 되었다가 다시 쏜살같이 내려와서 삼총사의 주위를 빙빙 돌았다.

"하하하!"

삼총사는 기쁜 마음에 커다랗게 웃었다. 참새는 삼총사의 주위를 빙빙 돌다가 다시 하늘로 올라갔다가 내려오는 등 장난을 쳤다.

"야! 새들은 하늘을 날 수 있어서 정말 좋겠구나!"

꺽다리와 자연이가 소리를 질렀다. 그 소리는 맑은 공기 속에서 울려퍼져서 공중에 있는 참새에게까지 들려왔다. 참새는 한 바퀴 빙 돌다가 다시 아래로 내려가려고 삼총사를 내려다보았다.

"앗! 조심해!"

갑자기 참새가 소리를 질렀다. 삼총사의 바로 옆에 커다란 몸집의 아이가 막 달려들었기 때문이었다.

"으와!"

삼총사는 그 아이의 몸집에 밀려 그만 한꺼번에 바닥에 엎어졌다. 창수는 재빨리 왕발명이 들고 있던 통역기를 잡아챘다. 그리고 아이들을 향해 소리 질렀다.

"애들아! 빨리 도망가자!"

그리고는 허겁지겁 언덕 아래로 뛰어내려가기 시작했다. 삼총사는 갑자기 당한 일이라 정신을 못 차리고 있다가 이내 창수의 뒤를 따라 뛰기 시작했다.

"내 통역기!"

왕발명이 고함을 지르며 구르다시피 언덕을 뛰어내려갔다. 창수는 몸집이 뚱뚱했으나 오늘만큼은 뜀박질을 잘했다. 거기에다가 주위에 있는 아이들이 창수를 부축해주어서 더욱 잘 뛰었다.

"내 통역기!"

왕발명은 열심히 뛰었으나 워낙 늦게 따라갔기 때문에 도저히 창수를 따라 잡을 수가 없었다. 자연이와 꺽다리고 열심히 뒤를 쫓아갔으나 허사였다. 창수는 어느 새 준비했는지 자전거에 올라타고는 쏜살같이 달아나 버리고 말았다.

"아! 내 통역기!"

왕발명은 드디어 바닥에 주저앉아 울음을 터뜨렸다. 뒤늦게 헐레벌떡 달려온 자연이와 꺽다리도 왕발명의 옆에 주저앉고 말았다.

"헉헉헉!"

자연이는 숨을 몰아쉬었다. 창수의 행동이 이렇게 재빠를

줄은 몰랐다. 삼총사는 잔디가 파릇파릇 돋은 흙바닥에 그만 누워버렸다. 맑은 하늘에 한눈에 들어왔다.

"이제 어떻게 하지?"

자연이가 묻자 왕발명이 울음섞인 목소리로 말했다.

"그 자식 집에 가서 통역기를 도로 빼앗아 올까?"

"안돼. 걔네 집이 얼마나 큰데. 들여보내주지도 않을걸."

"그렇다고 이렇게 그냥 있을 수는 없잖아?"

꺽다리의 말에 왕발명이 분통을 터뜨렸다.

이때였다. 하늘을 빙빙 돌고 있던 참새가 아래로 내려오더니 자연이의 어깨 위에 앉았다. 참새는 자연이에게 뭔가 말하고 있었다.

"짹짹짹!"

그러나 그 소리는 도저히 알아들을 수 없었다. 삼총사는 당황했다.

"통역기가 없으니까 알아들을 수가 없는 거야."

"어떻게 하지?"

"큰일났다."

삼총사는 그만 기운이 빠져버려 서로 말을 안했다.

"짹짹짹!"

참새는 아무 영문도 모르고 계속 삼총사를 향해 말을 걸었다. 그러나 이제 그 말을 알아들을 수 있는 사람은 아무도 없었다. 한참을 말하던 참새는 지쳤는지 다시 공중으로 날아올랐다.

삼총사도 터덜터덜 집을 향해 걷기 시작했다. 이윽고 그들의 아지트인 왕발명의 집으로 돌아온 삼총사는 서로 아무 데나 틀어박혀 앉아서는 아무도 말을 걸지 않았다. 특히 왕발명은 얼굴색까지 창백하게 되어 마치 병자 같았다.

"아니 너희들 왜 그러니? 서로 싸웠니?"

눈치 빠른 왕발명의 어머니가 뒤따라와서는 말을 걸었다. 그러나 왕발명은 모든 게 귀찮았다.

"엄마, 우리만 있게 그냥 두세요."

"아니, 뭐라고? 쬐끄만 녀석이 엄마에게 하는 말좀 보래지."

그러나 왕발명의 어머니는 말은 그렇게 했으나 그냥 조용히 방을 나갔다. 왕발명과 자연이와 꺽다리는 서로 심각한 생각에 빠지기 시작했다.

창수의 고민

방만 해도 7개나 되는 창수네 집은 3층 양옥집이었는데 마당에 잘 가꾸어진 정원까지 갖추고 사는 부자였다. 그리고 그 정원에는 도둑을 지키는 무서운 사냥개들이 3마리나 있었다. 모두 험상궂게 생긴 무서운 개들이었다.

창수는 항상 보는 개지만 그 개들을 지나칠 때면 항상 겁이 나곤 했다. 그래서 그 개들 앞에는 얼씬도 안하고 있었다. 그러나 오늘만큼은 사정이 달랐다.

"히히히. 이제 이 통역기가 있으니까 아무 동물들하고 대화를 나눌 수 있다 이거지?"

창수는 제일 먼저 그 사냥개들한테 말을 걸고 싶었다. 그래서 얼른 통역기를 틀었다. 그러나 개들은 한가롭게 앉아 있다가 창수를 발견하고는 흥! 하고 고개를 돌려 버렸다.

"흥! 이 바보 똥개들아! 내가 너희들 말을 할 줄은 몰랐지?"

창수가 말을 걸자 사냥개들은 깜짝 놀랐다.

"아니 창수가 어떻게 우리 말을 할 줄 알지?"

"흥! 다 방법이 있어."

창수는 심술궂게 말했다.

"사실은 얼마전 너희들 밥통에 간장을 쏟아 부은 사람은 나야."

"그럴 줄 알았어. 창수 말고 그런 짓을 할 사람이 누가 있겠니?"

사냥개 중 한 마리가 말했다. 이 말을 들은 창수는 약이 올랐다.

"흥! 너희는 정말 아무 짝에도 소용없는 바보 똥개들이야!"

"그런데 우리를 왜 무서워하는 거니?"

"내가 언제?"

"너는 우리만 보면 저만큼 도망가잖아. 이 겁쟁이야!"

"뭐라고?"

창수는 더욱 약이 올라서 자리에서 벌떡 일어났다. 그리고는 바닥에 흙을 한움큼 쥐어서 개들을 향해 던졌다. 그러자 사냥개들은 창수에게 조용히 말했다.

"창수야. 동물들을 사랑해야지. 이렇게 괴롭히면 되니?"

"흥, 내 마음이야!"

창수는 심통이 잔뜩 나서 외치고는 집 안으로 들어가 버렸다. 창수는 정말 외로웠다. 아무도 자기를 상대해 주지 않기 때문이었다. 심지어 개들조차 자기를 상대해 주지 않았다.

"흥! 너희들하고 상대하나 봐라!"

창수는 거실에 있는 수족관으로 다가갔다.

"헤이! 물고기들."

창수가 말을 걸자 붕어들이 커다란 눈을 껌벅껌벅하며 창수를 바라보았다. 창수는 붕어들을 보며 약을 올렸다.

"용용! 물속에만 있어서 답답하지?"

그러자 이상하게 물컹한 부드러운 느낌이 가슴에 와 닿았다. 붕어들이 창수에게 건네는 텔레파시였다.

"창수야. 먹이 좀 제때에 주고 물도 자주 갈아줬으면 좋겠어. 그리고 제발 우리들은 꺼내서 손으로 주물럭거리지 말아줘. 그럼 몸이 너무 아프단다."

붕어들은 애원하는 눈길로 창수를 보았다.

"싫어. 나는 너희들을 갖고 노는 게 제일 재미있단 말야."

창수는 심술궂게 말하고는 휭! 하며 돌아서버렸다. 창수는 이제 누구를 약올리나 주위를 둘러보았다.

이번에는 앵무새가 있는 새장이 보였다.

"히히. 안녕! 이 멍청이 새야!"

"안녕. 바보 창수야!"

앵무새가지지 않고 대답했다.

"뭐라고?"

창수는 그만 화가 머리끝까지 나서 새장을 손으로 쥐고 뒤흔들었다.

"아니, 창수야! 너 왜 새장을 잡고 흔드니?"

창수의 어머니가 이 모습을 보고 뛰어왔다. 창수 어머니는 계모임에 가기 위해 잔뜩 모양을 내고 있었다.

"엄마, 또 나가요?"

"그래. 이따가 배고프면 영자 누나한테 밥 채려달라고 해서 먹도록 해라. 알았니?"

창수는 또 심통이 나서 어머니를 바라보았다. 어머니는 맨날 계모임이다 자선바자회다 해서 집을 비우고 있었다. 그리고 아버지는 사업을 한다고 하며 밤늦게야 겨우 집에 들어오곤 했다. 창수는 어머니에게 그 신기한 통역기를 자랑하려고 통역기를 들어 보였다.

"엄마! 이 통역기 말야."

그러자 창수의 어머니는 기겁을 했다.

"아유. 더러워. 이렇게 지저분한 녹음기를 어디에서 주웠니?"

창수의 어머니는 창수의 손에서 통역기를 빼앗아 들고는 쓰레기통 속에 집어 던졌다.

"창수 너 얼마전에 사주었던 새 녹음기 어디다 두고 이런 고물을 갖고 다니니? 누가 보면 흉보겠다."

창수의 어머니는 이렇게 말하고는 행여 옷에 먼지라도 묻었을까봐 옷을 툭툭 털었다. 그러나 옷은 깨끗할 뿐만 아니라 매우 화려하게 반짝거리고 있었다.

"그리고 너도 이번에는 네 실력으로 반장 한번 해봐야지. 언제까지 엄마가 뒤따라다니며 반장시켜 주기를 바라니?"

엄마가 나가고 나자 창수는 시무룩해서 쓰레기통 속에서 통역기를 주워 들었다. 통역기는 말짱했으나 이상하게 왕발명이 갖고 다닐 때보다 더 낡아 보였다.

"에이, 엄마는 이야기를 끝까지 들어보지도 않고."

창수는 화가 나서 혼자말로 중얼거렸다.

환경오염의 실태

(대중교통 이용의 중요성)

매연배출규제
공장사업장 등의 매연배출시설에서 배출되는 매연이나, 자동차에서 배출되는 배기가스 등의 유해물질이 허용기준을 초과하지 않도록 규제하는 조치. 매연이나 배기가스로 인한 영향은 가옥이나 세탁물의 오염, 식물의 고사뿐만 아니라 인체에 대한 영향도 커서 런던스모그로 인한 급성호흡기 질환의 급증은 잘 알려진 사실이다.

특히 최근에는 만성기관지염이나 폐암 등의 원인이 된다는 사실도 밝혀져 매연에 대한 대책이 강구되고 있다.
과거에는 매연 농도를 링게르만 스모그차트에 의한 연기의 농도로 표시했으나 근대공업의 발전과 더불어 매연물질의 종류도 다양해져 현재는 각종 유해물질 단체의 농도를 측정하고 있다.

자전거를 탄다면
1) 걷는 것보다 시간절약이 됩니다.
2) 운동이 잘되니 건강해 집니다.
3) 차를 적게타니 환경오염이 줄어듭니다.
4) 대중교통비나, 기름값이 전혀들지않으니 돈도 절약할수 있어요

대중교통의날 캠패인
고유가 극복, 교통 체증 완화, 환경오염 예방 등의 목적을 달성하기 위하여 버스, 지하철 등의 대중교통 이용을 장려하는 날로 2011년 3월 23일 처음 시작되었다. 2011년 전 세계적인 유가 상승으로 인하여 에너지 절약이 사회문제로 대두되자 에너지 절약을 실천하고 이를 독려하기 위해 서울시가 매월 넷째 주 수요일을 대중교통의 날로 지정하였다. 이 날의 지정으로 에너지 부족뿐만 아니라 교통 체증, 환경오염 등의 문제가 완화되기를 기대하고 있다. 서울시는 이날, 시내버스와 지하철 운행을 늘려 시민들의 참여를 돕고 있다

공해(公害)가 환경이 오염된 상태를 의미한다면, 오염은 오염원으로 인하여 인간 및 동식물의 생활에 영향을 미치는 상태를 의미한다. 그러므로 옥외의 대기에 인위적 자연적으로 방출된 오염물질이 과다하게 존재함으로써 대기의 성분 상태가 변화하고, 그 질이 악화되어 인간과 동식물의 생활 활동에 나쁜 영향을 줄 때 대기가 오염되었다고 한다.

왕발명과 창수의 다툼

다음날 아침이었다.

왕발명과 자연이, 꺽다리는 교실에 제일먼저 와서 창수가 오기만을 눈빠지게 기다렸다. 특히 왕발명은 그 조그만 주먹을 문지르며 씩씩대고 있었다.

"이 자식 오기만 해봐라."

화가 나 있는 것은 왕발명 뿐만이 아니었다. 자연이와 꺽다리도 창수가 오면 한 대 때릴 생각을 하고 있었다. 그 귀중한 통역기를 감히 빼앗아가다니. 생각할수록 괘씸했다.

아이들이 한 두 명씩 오고 마침내 창수도 그 비대한 몸집을 드러냈다. 창수가 나타나자 왕발명이 스프링 튕기듯 자리에서 일어났다.

"야! 박창수!"

왕발명은 벼락같이 소리를 지르더니 창수에게 덤벼들었다. 그러나 워낙 창수가 비대하기 때문에 어이없이 나가 떨어지고 말았다.

"흥, 별것도 아닌 게 까불고 있어."

창수는 그 통통한 볼을 씰룩거리며 빈정거렸다. 그 말은 왕발명을 더욱 화가 나게 했다.

"이 자식이."

왕발명은 다시 일어나더니 창수에게 달려들었다. 그리고 끈질기게 창수를 잡고 늘어졌다.

"에이. 이 자식."

창수가 귀찮다는 듯 왕발명을 떼내려 했으나 왕발명이 워낙 악착같이 붙잡고 늘어지는 바람에 함께 넘어지고 말았다.

"어어!"

창수와 왕발명은 한데 어울러져 엎치락 뒤치락 싸움을 벌였다.

"발명아!"

자연이와 꺽다리가 달려들어서 뜯어 말렸으나 소용이 없었다. 교실은 삽시간에 아수라장이 되고 말았다.

"아악!"

"싸움났다!"

아이들은 저마다 소리를 질러대고 이웃반 아이들까지 뛰어와서는 구경하느라 난리가 났다.

창수는 워낙 체구가 큰 바람에 조금만 움직여도 책상이 넘어졌다.

왕발명은 벌써 한쪽 눈이 멍이 들고 안경이 깨져버렸다.

"이게 무슨 짓이야!"

갑자기 선생님의 고함소리가 들려왔다. 선생님의 고함소리에 창수와 왕발명은 겨우 떨어졌다.

그때에는 이미 둘 다 상처투성이가 되어 있었다.

“지독한 자식.”

창수가 왕발명을 보며 조그맣게 말했다.

“비계 덩어리.”

왕발명도 지지 않고 대꾸했다.

“뭐야?”

창수가 다시 왕발명을 향해 주먹을 들었다.

“박창수!”

다시 선생님의 목소리가 엄하게 들려왔다. 왕발명과 창수는 서로 고개를 숙였다.

“둘 다 교무실로 와!”

선생님은 이렇게 말하고는 교실을 나가버렸다. 선생님은 학교에서도 엄하기로 유명한 지도부 선생님이라서 자연이와 꺽다리는 은근히 겁이 났다. 왕발명과 박창수는 나란히 교무실로 향했다. 그로부터 약 20분이 지나서 어떻게 알았는지 박창수의 어머니가 헐레벌떡 학교로 찾아왔다.

“헉헉. 우리 창수 어디에 있니?”

창수 어머니는 요란한 화장을 하고 나타나서는 교실에 있

는 아이들에게 물었다. 창수의 어머니는 아이들이 교무실에 갔다고 가르쳐주자 허겁지겁 교무실로 향했다.

그 뒤의 일은 안 봐도 뻔했다. 자연이와 꺽다리는 서로 얼굴을 마주보고 한숨을 내쉬었다. 창수의 어머니는 학교에서도 알아줄 정도로 극성 어머니였다. 게다가 영향력까지 있어서 창수는 아무런 꾸중도 안 받고 풀려날 게 틀림없었다.

역시 예상대로 창수는 아무 일 없다는 듯이 태연히 돌아왔다. 그리고 왕발명은 잔뜩 풀이 죽어서 돌아왔다. 말을 들어보니 발명이만 일주일간 화장실 청소를 하도록 벌을 받았다는 것이다.

자연이와 꺽다리는 화가 나서 주먹을 불끈 쥐었다.

"창수 이 자식. 어떻게 혼을 내줄까?"

"그것보다 통역기가 무사했으면 좋겠다."

그 날 저녁 왕발명의 집에는 삼총사가 늦게까지 모여 있었다. 그들은 어떻게 하면 창수로부터 통역기를 빼앗고 창수 녀석을 혼내줄까 머리를 맞대고 밤새껏 궁리했다.

그 날 밤 집에 돌아온 자연이는 방에 들어가다 말고 야옹이에게 들렀다. 야옹이는 여전히 꼼짝 않고 움직일 생각을 안 했다.

"엄마! 야옹이가 죽을려나봐!"

자연이는 엄마에게 큰 소리로 말했다. 그러나 엄마는 무심한 목소리로 대답했다.

"원래 그렇게 아프면서 크는 거란다."

자연이는 엄마가 야속했다. 어른들은 왜 모두 저렇게 무심할까? 자연이는 엄마가 야속해서 눈물까지 날려고 했다. 자연이는 야옹이의 턱을 긁어주었다.

다시 찾은 통역기

아침 일찍 일어나 학교에 간 자연이는 제일 먼저 왕발명에게 갔다. 왕발명은 주번 대신 화장실 청소를 하고 있었다. 왕발명은 어느 새 맞추었는지 안경을 다시 쓰고는 태연하게 화장실 청소를 했다.

"왕발명. 청소 끝나려면 아직 멀었니?"

"다 했어. 그래도 겨울이 아니라서 물이 얼지 않아서 다행이다."

"작전준비는 다 해왔지?"

자연이가 묻자 왕발명은 고개를 끄덕였다. 이때 꺽다리가 나타났다.

"야, 벌써 모여 있구나. 애들아, 준비는 다 됐니?"

"물론이지."

자연이와 왕발명은 함께 대답했다. 오늘 가장 중요한 일을 할 사람은 꺽다리였다. 꺽다리만 잘 해준다면 통역기도 말썽 없이 잘 되찾을 수 있을 것이다.

잠시후 교실로 돌아온 자연이는 책상을 정리하다가 책상 서랍 속에서 쪽지를 발견했다.

〈"방과 후에 교실에 남아"〉

창수가 넣어 놓은 쪽지였다. 자연이는 슬그머니 웃음을 지었다. 사실 자기도 창수의 서랍 속에 이런 내용의 쪽지를 넣었기 때문이다.

"야, 자연보호!"

뒤에서 창수가 쿡쿡 찔러댔다. 자연이는 뒤돌아보지 않고 대답했다.

"왜?"

"너 오늘 무슨 꿍꿍이를 하려고 그러는 거냐?"

"너는 무슨 꿍꿍이냐?"

"흥!"

창수는 대답할 마음이 없다는 듯 콧방귀를 뀌고 책상 위에 책을 쾅! 하고 내려쳤다.

그 날 내내 자연이는 다른 생각에 빠져 제대로 수업을 듣지 못했다. 제일 좋아하는 과목인 과학이나 국어 시간이 되어서도 마찬가지였다.

마침내 수업이 끝나고 청소도 다 끝났을 때였다. 청소를 맡은 아이들이 선생님에게 검사를 맞고 집으로 돌아가자 그때까지 운동장에서 서성거리던 삼총사는 교실로 올라갔다.

삼총사가 교실문을 열자 창수를 비롯한 다른 친구들이 서너 명 먼저 와있는 게 보였다.

"히히히. 드디어 삼총사가 오셨군."

창수가 히죽 웃으며 말했다.

"흥, 비계 덩어리도 와있었군."

왕발명이 대꾸했다. 왕발명은 아직도 한쪽 눈이 멍들어 있었고 창수는 입가가 조금 부풀어 있었다. 먼저 창수가 말했다.

"그래. 우리를 부른 이유는 뭐냐?"

"그럼 너희들은 우리를 왜 불렀냐?"

왕발명이 침착하게 대꾸했다. 양쪽 아이들은 서로 노려보았다. 이번에는 창수가 먼저 입을 열었다.

"너희 삼총사가 나한테 무릎을 꿇고 내 부하가 된다면 너희들이 찾는 그 통역기를 줄게."

"흥, 그까짓 통역기."

왕발명이 비웃으며 대답했다. 그러자 창수는 깜짝 놀랐다.

"뭐? 그까짓 통역기? 그 통역기가 얼마나 신기한건데!"

"흥, 그런 통역기라면 우리는 얼마든지 있어."

왕발명은 태연하게 대답하고는 한쪽 손에 들고 있던 종이가방을 들어보였다. 그러자 창수는 깜짝 놀랐다.

"그건 뭐야?"

"이건 몰랐지? 네가 가져간 통역기는 사실 건전지가 다 된 거야. 건전지가 닳으면 저절로 끊길 걸?"

"뭐?"

"만일 그 통역기를 달라고 하면 줄 수도 있어. 하지만 나한

테서 건전지를 얻어야 할걸? 그 건전지는 아무 곳에서 구할 수 있는 게 아니거든?"

"맞아. 그 건전지는 태양열을 이용해서 만든 특수 건전지야."

옆에서 자연이가 한 마디 거들었다.

"뭐, 태양열 건전지?"

창수는 그만 기가 죽은 눈치였다.

"어때? 내 말이 거짓말 같으면 한 번 확인해봐. 아마 지금쯤은 아무 짝에도 소용없는 고물이 돼 있을 걸?"

창수는 고민하는 눈치였다. 왕발명은 어리지만 어른 못지않은 지식과 훌륭한 두뇌를 갖고 있다. 발명이의 말이 맞을지도 모른다. 창수가 흔들리자 옆에 있던 친구들이 창수를 부추겼다.

"창수야. 왕발명의 말이 맞을지도 모르잖아."

친구들은 창수와 왕발명이 지금 무슨 말을 하고 있는지도 모르면서 무조건 왕발명의 말이 옳다고 했다.

이렇게 되자 창수는 큰 결심을 내릴 수밖에 없었다.

"좋아. 그럼 내가 통역기를 가져올 테니까 내일 보자."

"안돼. 지금 봐야 될걸? 오늘이 지나면 고물이 돼있을 게 분명해."

왕발명은 침착하게 말했다. 그러자 창수는 다시 고민에 빠졌다.

"어떻게? 지금은 통역기가 없는데."

"우리가 너희 집으로 가면 되잖아."

왕발명이 말했다.

"좋아, 가자."

이렇게 해서 창수 일당과 삼총사는 창수의 집으로 향했다. 집에 다다르자 창수가 왕발명에게 말했다.

"갖고 나올게 기다려."

창수는 왕발명이 그 통역기를 빼앗아 갈까봐 겁이 나는 모양이었다. 그러나 그대로 물러설 왕발명이 아니었다.

"싫어. 들여보내주지 않으면 우리도 그 건전지를 안줄 거야."

"맞아. 안 줄 거야."

꺽다리도 맞장구를 쳤다.

"좋아!"

마침내 창수가 고집을 꺾었다. 삼총사는 창수 일당과 함께 집으로 들어갔다. 집은 궁궐같이 훌륭하게 지어져 있었다.

꺽다리는 집 이곳저곳을 둘러보다가 옆에서 왕발명이 허벅지를 꼬집자 그때서야 비로소 제정신으로 돌아왔다.

자연이는 왕발명과 함께 창수의 방으로 올라갔다. 꺽다리는 사냥개를 구경한다고 따라 올라오지 않고 정원에 있었다.

창수는 방으로 들어오자 장롱 속에서 통역기를 꺼냈다. 통역기를 본 왕발명은 반가운 마음에 통역기를 향해 손을 뻗었다. 그러나 창수는 고집스럽게 그 통역기를 숨겼다.

"안돼, 이제 내 거야."

왕발명은 하마터면 '그게 왜 네 거냐? 이 도둑아!' 하고 소리 지를 뻔했으나 간신히 참았다.

"그래 알았어. 그럼 네가 그 통역기를 한 번 틀어봐! 작동하는지 봐야 되니까."

"알았어!"

창수는 조심스럽게 통역기 작동 버튼을 눌렀다. 통역기는 제대로 작동이 되었다.

"이 거짓말쟁이야! 작동이 되잖아?"

창수는 당장이라도 잡아먹을 것처럼 왕발명에게 말했다.

그런데 이때였다.

“흠. 이 바퀴벌레는 맛이 꽤 좋군.”

하는 굵직한 목소리가 어딘가에서 들려왔다. 창수는 깜짝 놀라서 주위를 두리번거렸다. 그러자 또 목소리가 들려왔다.

“창수 녀석도 바퀴벌레나 먹여줄까?”

창수는 그만 안색이 창백해져서 몸을 부들부들 떨었다. 자연이는 그만 웃음이 터져나오는 것을 억지로 참았다. 목소리의 주인공은 자연이가 몰래 키우고 있는 쥐였다. 오늘 그 쥐를 주머니에다 넣고 온 것이었다.

자연이는 빙그레 웃고는 주머니에서 쥐를 꺼내 창수에게

들어 올려 보였다.

"꽥-액!"

창수는 안색이 새파래져서 돼지소리를 지르더니 들고 있던 통역기를 떨어뜨렸다. 그러나 바닥에 떨어지기 전에 발명이가 그 통역기를 받아 들었다.

"성공이다!"

자연이는 통역기를 들고는 창문을 통해 아래에 있는 꺽다리에게 외쳤다. 그러자 꺽다리는 아래에서 받아들 자세를 취했다. 발명이는 재빨리 통역기를 꺽다리를 향해 던졌다.

통역기는 정확하게 꺽다리의 품에 떨어졌다.

"와! 드디어 성공이다!"

꺽다리가 외치자 발명이와 자연이는 재빨리 방문을 열고 뛰어나갔다.

"창수야! 통역기 되돌려줘서 고맙다!"

하고 외친 자연이와 발명이는 냅다 뛰기 시작했다.

"내 통역기!"

창수는 몸을 부들부들 떨며 목청이 터져라 소리질렀다.

환경오염의 실태

(해양쓰레기로 인한 생태계 위기)

해안에서 바다로 유출되는 플라스틱 쓰레기, 세계의 바다에 유출된 그 쓰레기의 양은 2010년에만 총 480만 ~ 1,270만 톤에 이른다는 추정이 발표되었습니다.

1930년대에 폴리에틸렌의 공업 생산이 시작되고 나서 약 75년이 경과된 지금, 소비자가 이용하는 제품에서 플라스틱의 비율은 점점 늘어나고 있는 실정인데요. 해안에서 바다로 유출되는 플라스틱 쓰레기가 바다에는 물론, 야생동물과 인가에게까지 위험한 영향을 초래할 수 있어 우려의 목소리가 커지고 있습니다.

매년 100만 마리 이상의 바닷새와 10만 마리에 이르는 포유 동물, 바다 거북이 등이 플라스틱을 먹이로 인식하고 잘못 먹었다 죽는 경우가 생기고 있고, 그 외에 플라스틱 자체에서 환경 호르몬이 녹아나오는 문제도 점점 심각해고 있습니다.

2010년에만 바다를 끼고 있는 세계 192개 나라와 지역에서 25억 미터톤의 고형 폐기물이 발생 했으며, 이러한 고형 폐기물 중 약 11%(2억 7500만 미터 톤)가 플라스틱이었다고 하니 정말 큰 문제가 아닐 수 없습니다.

왕발명의 결심

삼총사가 통역기를 들고 도망가자 창수의 친구들이 재빨리 뒤쫓아왔다. 창수의 친구들은 역시 창수보다는 빨랐다. 삼총사는 죽을 힘을 다해 뛰었으나 그 아이들이 워낙 빨리 쫓아오는 바람에 잘못하다간 통역기를 빼앗기게 생겼다.

창수의 집을 벗어난 삼총사는 왕발명의 집으로 열심히 달렸다.

"야! 꺽달아! 그 통역기 떨어뜨리면 안돼!"

왕발명이 통역기가 걱정되는지 저만치 달려가고 있는 꺽다리에 외쳤다.

"걱정마!"

꺽다리는 큰 소리로 대답했다. 그런데 막 골목길의 모퉁이를 돌았을 때였다. 바짝 뒤쫓아오던 창수의 친구들이 자연이와 왕발명의 덜미를 잡았다. 꺽다리도 아이들에게 잡혔다.

"잡았다!"

창수의 친구들이 의기양양해서 소리를 질렀다.

"야! 이 도둑들아! 내걸 내가 가지고 가는데 왜 그러는 거야?"

왕발명이 약이 올라서 고래고래 소리를 질렀다. 자연이도 화가 나서 몸부림을 쳤다. 통역기는 이제 다시 창수에게 돌아갈 게 분명했다. 왕발명은 너무 억울해서 눈물까지 났다.

"으앙! 내 통역기!"

"이 깡패들아!"

삼총사는 그 아이들에게 덤벼들었으나 힘으로 하려면 어림도 없었다. 그런데 이상한 일이 생겼다. 어디에선가 수많은 참새떼들이 새까맣게 몰려와서 통역기를 가로챈 아이들을 마구 쪼아대기 시작했다.

"아야!"

"뭐야!"

아이들은 갑자기 수많은 참새떼들이 나타나서 쪼아대기 시작하자 따가워서 어쩔줄을 모르고 펄쩍펄쩍 뛰었다. 자연이와 발명이와 꺽다리는 어리둥절해져서 서로 얼굴을 마주 보았다.

"이게 어떻게 된 거지?"

"나도 몰라!"

그런데 참새떼들 속에서 참새 한 마리가 튀어나와서 자연이에게 짹짹대기 시작했다. 발명이가 통역기를 틀자 참새의 말소리가 들려왔다.

"지난 번에 도와줘서 정말 고맙다."

참새가 명랑한 목소리로 말했다. 삼총사는 비로소 그 참새

를 기억해냈다.

“와! 그 참새구나!”

“와하하하!”

삼총사는 참새를 둘러싸고 웃음을 터뜨렸다. 그 참새도 기쁜지 즐겁게 종알댔다.

“우리 동물들은 한 번 입은 은혜는 절대로 잊지 않는단다!”

“정말 고맙다, 참새야!”

삼총사는 한참 동안 즐겁게 웃어댔다. 창수의 친구들은 참새떼들의 쪼임이 견딜 수 없었는지 결국 도망가고 말았다.

이렇게 모든 일이 다 잘 풀리자 발명이가 자연이와 꺽다리에게 말했다.

“나 지금 결심한게 있어. 이 통역기는 동물들을 위해서만 쓰기로 하고 마음씨 착한 사람들한테만 보여줄 거야.”

“정말 잘 생각했어. 발명아. 창수처럼 나쁜 일에만 쓰는 애한테는 보여주면 안돼.”

“네 말이 맞아.”

자연이와 발명이는 서로 어깨를 감싸 안았다. 그러자 꺽다리가 즐겁게 외쳤다.

“와! 이래서 난 너희들이 좋아!”

“하하하하!”

"헤헤헤헤!"

참새와 삼총사는 즐겁게 웃음을 터뜨렸다.

다음 날 아침이었다.

자연이는 아침 일찍 일어나 세수를 하고 학교에 갈 준비를 했다. 그런데 부엌에서 엄마의 목소리가 들려왔다.

"자연아! 빨리 야옹이에게 가보렴!"

"예 야옹이한테요?"

자연이는 고개를 갸웃하며 야옹이에게 달려갔다.

"와!"

자연이는 놀라서 뒤로 자빠질 뻔했다. 야옹이의 집에는 작은 새끼 고양이들이 꼼지락꼼지락대며 자고 있었다. 야옹이는 간밤에 새끼를 낳은 것이다. 자연이는 너무 신기해서 학교에 갈 생각도 않고 그 고양이들은 바라보았다.

"와, 정말 이상하게 생겼다!"

자연이는 새끼 고양이들이 정말 신기했다. 자기 주먹보다 작은 새끼 고양이들이 야옹이의 품에 안겨 새록새록 자고 있는 모습을 보고 있자니 사랑스러운 느낌이 들었다.

"야옹아! 그래서 그렇게 몸이 아팠구나."

이때 엄마가 미역국을 끓여서 가지고 나왔다. 엄마는 야옹

이에게 미역국 그릇을 주며 말했다. 야옹이는 미역국 그릇을 보자 할짝거리며 먹기 시작했다.

"동물들도 사람들과 똑같아서 새끼를 낳으면 미역국을 먹어야 하는 거란다."

"맞아요, 엄마. 동물의 세계나 사람의 세계나 다 똑같은 것 같아요."

자연이는 시간가는 줄 모르고 미역국을 먹고 있는 야옹이와 새근새근 잠자고 있는 새끼 고양이들을 바라보았다.

새끼 고양이를 훔친 창수

학교로 가는 자연이의 발걸음은 신발에 날개라도 달렸는지 빨랐다.

'이름을 뭘로 지을까, 얼룩덜룩하니까, 얼룩이? 얼룩이는 강아지 이름 같은데?'

자연이는 눈동자가 반짝반짝 빛나는 세 마리의 새끼 고양이 모습을 떠올렸다. 자기 손바닥보다 조금 큰 고양이 새끼는 어느 새 '야옹야옹' 하며 어른 고양이 흉내를 내고 있었다.

'짜아식, 고양이라고 고양이 울음을 내기는!'

엄마가 가까이 가지 말라고 했지만 자연이는 가까이 가서 새끼 고양이를 오랫동안 쳐다보았다.

'왕발명, 꺽다리가 내 새끼 고양이를 보면 부러워 죽을 거

다!'

자연이는 자꾸만 웃음이 터져나왔다.

뚱뚱보 창수의 얼굴도 떠올랐다.

"한 번만 더 그런 못된짓 하기만 해봐라! 가만 두지 않을 테다. 이번에는 참새한테 혼났지만 나중에는 고릴라 아저씨한테 혼쭐이 날 수도 있을 거라구! 그 통역기만 있으면 말야!"

자연이는 모든 문제가 해결되어서 학교 가는 발걸음이 더욱 가벼워진 것이다.

교실에는 이미 왕발명하고 꺽다리가 와 있었다.

"안녕, 발명왕! 잘 잤니? 귀여운 친구 꺽다리군!"

"오늘 자연이 기분이 아주 좋은가 보구나!"

왕발명이 안경을 치켜 올리며 말했다.

"그러엄~ 오늘은 말이야……"

"야, 이자연 너무 튕기지 말고 빨리 말해봐. 어제 창수녀석 혼내준 것이 오늘 아침까지 깨소금 맛인거야?"

꺽다리가 미소를 머금고 은근히 속삭였다.

"야, 그까짓 당연한 일 가지고 이 몸이 그렇게 들뜬단 말이냐!"

자연이는 어깨까지 힘을 주었다.

"심상치 않은데? 그래도 우리 셋 중에서는 제일 점잖은 편이었는데 말이야. 이자연, 너 혹시 밤에 오줌 싼 것 아니야!"

왕발명이 비꼬자 자연이는 어이없었다.

"왕발명, 내 나이가 몇인데? 지금 네 얘기 하고 있는 것 아니야? 솔직히 말해 봐."

"짜아식, 그러니깐 자꾸 허튼 소리하지 말고 무슨 일인지 말해보란 말이야!"

왕발명이 자연이의 머리를 툭하고 가볍게 쳤다.
"오늘 내가 아빠가 됐다구!"
자연이가 씩 웃으며 대답했다.
"뭐, 네가 아빠가 돼!"
왕발명과 꺽다리는 동시에 크게 소리를 질렀다.
"그래, 우리 집 고양이가 새끼를 세 마리나 낳았다구!"
"뭐! 고양이?"
왕발명과 꺽다리는 책상을 치며 깔깔대고 웃었다.
"야, 자연아! 그럼 네가 아빠 고양이란 말이야? 얘들아, 자연이가 오늘 고양이 아빠가 됐단다."
반 아이들은 자연이 주위로 모여들었다.
"짜아식, 왜 그래? 우리 야옹이가 새끼를 낳아서 엄마 고양이가 됐단 말이야. 그런데 내가 그 야옹이 새끼들을 보살펴 주니깐 난 아빠가 되는 거지!"
자연이는 왕발명의 어깨를 치면서 자랑스럽게 말했다.
"하긴 그것도 말 된다. 그러면 자연아, 고양이 아빠처럼 흉내좀 내봐라!"
꺽다리가 짓궂은 웃음을 지으며 말했다.
자연이는 눈을 살짝 흘기었다.
"그래, 그것도 못할까 봐? 야아옹, 왕발명은 국민학교 3학년 때까지 이부자리에다 세계지도 그리기를 열심히 해서 오늘날 사회점수만큼은 항상 일등을 차지하는 거랍니다! 야아옹, 야아옹!!"

왕발명은 얼굴이 붉어졌다. 사실 요즘도 가끔 이부자리에다 오줌을 싸서 엄마한테 꾸중을 듣기도 했었다. 자연이가 알고서는 말하지 않았을 텐데 삽시간에 얼굴이 붉은 사과처럼 익었다.

"와, 왕발명 얼굴 좀 봐. 정말 자연이 말이 맞는 것 아니야!"

아이들은 다같이 깔깔대고 웃으며 자기 자리로 돌아갔다.

"야, 자연아. 너 그렇게 아이들한테 망신을 줄 수 있어?"

왕발명은 약간 화가 났는지 입이 새부리처럼 삐죽나왔다.

"왕발명답지 못하게 그따위 일에 화를 내긴. 야, 수업 끝나고 우리 집에 같이 가자. 우리 야옹이가 낳은 새끼가 얼마나 이쁜데!"

자연이가 왕발명의 배를 툭 치며 말했다.

왕발명, 꺽다리도 해실해실 웃음을 터트렸다.

"그래, 우리 자연이네 집에 가서 새끼 고양이들 이름을 지어 주자!"

꺽다리가 신나서 말했다.

뒤에 앉아 있던 창수는 왕발명, 꺽다리, 자연이의 말을 자세히 듣고 있었다. '이 녀석들, 어제 나를 그렇게 골탕을 먹여 놓고서 뻔뻔스럽긴… 두고 보자!'

창수는 주먹을 불끈 쥐었다.

"야, 선생님이 들어오신다."

떠들썩하던 교실 안은 갑자기 조용해졌다.

창수는 수업내내 선생님 말씀은 듣지 않고 어떻게 하면 삼총사를 골탕먹일 것인가만 궁리했다.

'통역기는 빼앗아야 할 텐데, 그 신통한 통역기만 있다면 나는 금방 유명해질거야. 텔레비전에 나갈지도 몰라!'

창수는 차츰 가슴이 설레이기 시작했다.

'그런데 어떤 방법이 좋을까? 수업 끝나고 골목에서 기다렸다가 혼내줘! 아니야, 그러면 통역기를 빼앗지는 못해. 그럼?'

창수는 쉬는 시간에 친구들을 복도로 나오라고 했다.

"무슨 일이니? 창수야?"

뚱뚱보 창수 못지않게 덩치가 큰 만수였다. 그래서 별명도 하마였다.

"아, 어제 우리가 삼총사한테 당했던 일을 벌써 까먹은 거야. 그 녀석들을 혼내줄 방법을 생각해봐!"

"글쎄, 무슨 방법이 좋을까? 오늘 이 짜아식들, 야옹인지, 고양인지 새끼를 낳았다고 좋아하는 꼴이 얼마나 얄미운지!"

만수가 풍선껌을 짝짝 씹으면서 말했다.

"아, 좋은 생각이 났다. 꿩도 먹고 알도 먹고!"

"무슨 말이야 창수야, 기발한 생각이라도 한거야?"

창수는 만수가 묻는데도 키득거리며 웃기만 했다.

"야, 이리 모여 봐, 이건 극비작전이다."

창수가 말하자 만수, 경태, 철이는 창수 주위로 더 바짝 모여 들었다.

"야, 자연이네 고양이를 훔치는 거야."

"뭐, 그건 나쁜 짓이야."

경태가 뒷걸음치며 말했다.

"야, 말을 끝까지 들어봐! 그 동물의 목소리를 들을 수 있는 통역기를 우리가 도로 가져와야지. 너희도 그 통역기가 얼마나 신기한 줄 알잖아! 그 고양이를 잠시 우리가 갖고 있다가 그 통역기와 바꾸자고 하는 거야."

창수가 목소리를 낮추고 진지하게 말했다. 그래도 아이들의 표정이 탐탁치 않은 것 같아 창수는 초조해졌다.

"야, 그 통역기를 생각해봐 너희집에서 키우는 강아지나, 새, 고양이 금붕어가 무슨 말을 하고 있는지 다 들을 수 있단 말이야. 그 뿐만이 아니라구, 동물원에 가서 그 통역기를 동물 입에 갖다 대면 하마, 사자, 코끼리가 하는 말을 다 알아들을 수 있단 말이야."

만수, 경태, 철이는 점점 창수가 말한 통역기에 관해 강한 호기심이 일기 시작했다.

처음에는 그런 통역기가 어디 있냐고 비웃었지만 창수가 직접 동물들의 말소리를 들어보았다고 하자 모두들 강한 호기심을 보였다.

"좋아, 우리가 야옹이를 죽이는 것도 아니고 그 통역기와 바꾸는 것 뿐인데 뭐!"

"나는 싫어, 아무리 그 통역기가 신기한 것이라고 하지만 야옹이를 도둑질할 수는 없어!"

경태는 머리를 강하게 흔들고 교실 안으로 들어가 버렸다.

"짜아식, 속이 좁긴 이게 뭐 도둑질이야, 우리가 골탕먹은 거 복수할려고 하는 거지!"

창수는 표정이 금방 굳어진 만수와 철이의 얼굴을 보며 씩 웃어보였다.

"그래, 좋아, 나두 삼총사 녀석들이 선생님의 사랑을 몽땅 받고 있는 것이 얄미워!"

철이가 말하자 만수도 힘을 얻었는지 큰소리로 말하기 시작했다.

"야, 근데 자연이가 그 통역기와 고양이새끼를 바꿀까?"

"걱정마, 동물을 무척 좋아하기로 소문난 아이잖아, 자연이네 갔다온 아이들은 사람 사는 집인지, 동물들이 사는 동물원인지 헷갈릴 정도라고 하더라."

창수가 대답하자 만수와 철이는 낄낄대고 웃었다.

"야, 그런데 어떻게 자연이네 집에 가서 고양이 새끼를 몰래 가져오지?"

철이가 머리를 긁적이며 창수에게 물었다.

"걱정마, 내게 생각이 다 있다구! 우선 우리가 먼저 사과를 하는 거야, 너희들과 친해지려고 했는데 잘 안돼서 그 동안 심통을 부린거라구."

"그래서 그 다음은 어떻게 하는데?"

창수는 입가에 미소를 띠면서 계속 이야기 해나갔다.

"우리도 자연이네 집에 가서 고양이 새끼를 보고 싶다고 하는거야. 사실은 동물을 무척 좋아한다구! 만수와 철이가 삼총사와 이야기 하는 동안 내가 고양이 새끼를 몰래 들고 우리 집으로 먼저 가 있을게."

"좋아, 그것 참 좋은 방법이다. 그리고 나서 그 통역기를 가져오라고 하는 거야. 만약 선생님이나 부모님한테 이르면 고양이 새끼를 멀리 갖다 버리겠다고 하면 꼼짝 못할거야."

만수가 손뼉을 치며 말했다.

"좋아, 그렇게 하자."

꼬마 악당 셋은 교실로 들어갔다.

수업시간이 끝나고 삼총사는 학교 내리막길을 내려가고 있었다.

"야, 지난 겨울엔 눈도 별로 내리지 않고 지났다."

꺽다리가 하늘을 보며 아쉽게 말했다.

"정말이야, 난 유치원 다닐 때 펑펑 내리는 흰눈을 본 것 같애. 옆집 돌이와 다 탄 연탄을 눈에 굴려서 눈사람을 만들었었는데……눈사람은커녕 눈을 뭉치지도 못했으니 지난 겨울은 참 재미없었어!"

자연이가 투덜대었다.

"내가 저번에 말했잖아, 지구를 둘러싸고 있는 오존층이 각종 오염 때문에 파괴되어 지구가 뜨거워지고 있기 때문이라고. 겨울인데도 춥지 않잖아, 공해 때문에 날씨가 미쳐버린 것이라구!"

왕발명이 거칠게 말하자 자연이는 흠칫 놀랐다.

"미쳐? 날씨가 미쳤다구!"

"그래. 어른들이 조금만 더 자연을 깊이 사랑했더라면 이렇게 날씨가 변덕스럽게 변하지 않았을 거라구! 어른들이 하나님이 만들어 주신 아름다운 자연을 망쳐놓았기 때문이야."

"왕발명 진정해라! 네가 위대한 과학자가 돼서 대기 오염을 막을 수 있는 기계를 발명하면 되잖아!"

자연이가 왕발명의 어깨를 토닥거렸다.

"기계가 아니라 마음을 발명해야 돼!"

"무슨 뚱단지 같은 말이야! 사람의 마음을 어떻게 발명해?"

자연이와 꺽다리는 하하하 웃으면서 왕발명의 얼굴을 쳐다보았다.

"어른들이 계속해서 우리들이 살 지구의 환경을 망친다면 그런 발명품이라도 만들어야지? 아마 점점 이렇게 지구가 따뜻해지면 눈은커녕 식물과 동물들이 말라 죽고 말거야. 우

리 사람들도!"

"그럼 왕발명, 어떻게 생긴 마음을 발명할건데?"

꺽다리가 궁금하다는 표정을 지었다.

"그냥 생각만 해본건데, 하트 모양의 빨간 기계를 사람들의 왼쪽 가슴에 달아주는 거야. 그 기계는 사람들이 자연을 사랑하는 마음을 전달하고 지구의 심각한 환경오염을 막을 수 있는 생각을 갖게 하도록 하는 거야."

"사랑하는 지구 여러분, 오늘은 멸종위기에 있는 뻐꾸기의 울음소리를 들려 드리겠습니다. 우리는 새들을 보호해야 합니다. 뻐꾹뻐꾹 그 기계는 아침마다 부드럽게 속삭이도록 만들어 놓는 거야."

왕발명은 어느 새 신나게 떠들어대고 있었다.

"야, 멋있다. 그런데 사람들이 달지 않는다고 도망다니면 어떡하지?"

꺽다리는 큭큭큭 웃어댔다.

자연이도 왕발명도 꺽다리를 따라서 크게 웃었다.

"야, 꺽달아, 우리 자연이네 야옹이 새끼 이름 지어야지."

"아, 참 빨리 짓자. 자연이네 집에 가서 '야옹아' 라고 부르면 고양이 네 마리가 함께 나오면 어떡하니? 다 자기 이름 부르는 줄 알고?"

왕발명이 말하자 다시 폭소가 터졌다.

"그래, 그런데 무슨 이름이 좋을까?"

자연이가 물었다.

"글쎄, 야옹이 털이 얼룩덜룩하다고 했지? 깜찍하겠다~ '깜찍이' 어때?"

"깜찍이? 괜찮은데?"

자연이가 헤헤 웃으며 말했다.

"야, 그러지 말고 자연이네 집에 가서 야옹이 새끼를 보고 이름을 지어주자!"

"그래 그렇게 하는 것이 낫겠다."

왕발명의 말을 듣고 자연이와 꺽다리는 찬성했다.

그 때였다.

"야, 잠깐만! 삼총사 할말이 있어."

뒤에서 창수 일행이 급하게 쫓아왔다.

"저 녀석들 아직 정신을 못차렸나?"

왕발명 입술이 샐쭉거렸다.

창수 일행은 삼총사의 얼굴을 보고 쑥스럽게 고개를 떨구었다.

"야, 삼총사! 저번 일은 미안하게 생각한다. 정말이야~ 너희들과 친해지고 싶어!"

뚱뚱보 창수가 전혀 어울리지 않는 행동을 보이자 삼총사는 당황했다.

"창수 말은 사실이야. 미안하다, 나도 동물을 무척 좋아하거든, 우리도 너의 집에 가서 고양이 새끼를 구경 시켜 주면 안되겠니?"

하며 만수가 자연이에게 불쑥 손을 내밀었다.

자연이는 엉겁결에 만수의 손을 잡았다.

'저 녀석들 무슨 꿍꿍이가 있는 것 같은데?'

왕발명과 꺽다리는 창수 일행의 행동이 너무 갑작스러워 이상하게 생각했다. 그러나 옛말에 '웃는 얼굴에 침 못 뱉는다' 라는 속담이 있듯이 미안하다고 말하는 창수에게 화를 낼 수는 없었다.

"그래, 자연아, 우리에게도 고양이를 구경시켜줘. 너의 집엔 고양이뿐만 아니라 여러 가지 새나 다른 동물들도 많이 있다면서……?"

철이가 간절히 말하자 자연이도 거절하기가 어려웠다. 그리고 야옹이 새끼를 보여주고 싶었다.

'아이들이 나를 무척 부러워할거야!'

"발명아, 꺽달아, 그냥 데리고 가자!"

왕발명과 꺽다리는 잠시 머뭇거렸다.

"그래, 좋아!"

삼총사와 창수 일행은 자연이네 집으로 갔다.

"야, 정말 이쁘다. 어쩜 이렇게 작을까. 저 눈동자 좀 봐, 아주 새까맣다!"

삼총사와 창수 일행은 마루 한쪽에 있는 야옹이 집 주위에 모여 앉아 한마디씩 감탄사를 연발했다.

"야, 엄마 야옹이 젖을 세 마리가 함께 빨고 있는 모습 좀 봐!"

꺽다리는 너무 신기했다.

'나도 아기였을 때 저렇게 작았을까? 그런데 나는 왜 엄마 젖을 먹었던 기억은 하나도 나지 않는거지?'

꺽다리는 한동안 아무 말도 못하고 새끼 고양이를 바라보았다.

"야, 자연아, 모두 암컷 야옹이들이랬지? 그럼 여자 이름처럼 지어주어야겠다. 난 세 번째 젖을 물고 있는 저놈을 깜순이라고 부르고 싶어!"

"깜순이!!"

모여 앉아 있던 아이들은 모두 크게 웃었다.

"애들아 방에 들어가서 과자 먹어라. 그리고 엄마 야옹이 목욕시켜야 하니깐. 그만들 보고!"

자연이네 엄마가 부엌에서 말씀하였다.

"아, 이제 그만 보고 내방 가서 놀자!"

자연이가 먼저 일어났다. 다른 아이들도 줄줄이 이층에 있는 자연이의 방으로 들어갔다.

아이들은 자연이의 방에 가서 장난감을 가지고 놀았다. 조립을 해서 로봇을 만드는 것이다.

삼십분쯤 지나서 창수는 슬그머니 자연이의 방에서 나오려고 했다.

“어디 가니? 창수야.”

“응. 화장실에 가려고.”

“아래층에 있어. 부엌 왼쪽에 있다.”

자연이는 친절하게 말해주었다. 창수는 순간 가슴이 뜨끔거렸다.

창수는 자연이에게 미안했다. 하지만 그 통역기를 꼭 갖고 싶었다.

창수는 살금살금 아래층으로 내려갔다. 마루에는 아무도 없었다. 자연이네 엄마는 엄마 고양이를 목욕시킬려고 데리고 갔는지 다행히도 새끼 고양이들밖에 없었다.

‘잘됐다. 금방 너희집으로 다시 오게 될거야!’

창수는 깜순이를 조심스럽게 안고 자연이네 집을 도망쳐 나왔다.

창수는 있는 힘을 다해서 도망쳤다. 당장이라도 엄마 고양이가 쫓아올 것 같았기 때문이었다.

그 다음 날이었다.

삼총사는 창수가 깜순이를 가져간 것을 알고 화가 머리끝까지 나 있었다.

“이 녀석 오기만 해! 가만 두지 않을 거다!”

자연이가 입술을 꼭 깨물었다. 삼총사는 교문 앞에서 창수가 들어오기를 기다리고 있었다.

창수는 어깨에 힘을 주고 거들먹거리며 교문 안으로 들어섰다.

"야, 박창수!"

삼총사는 창수의 앞을 가로막았다.

"너, 빨리 우리 깜순이 가져와, 그렇지 않으면 선생님한테 일러버릴거야!"

"흥, 너희들 마음대로 해라. 만약 그렇게 한다면 깜순이를 다른 곳에 갖다 버릴거야, 우리 엄마가 그까짓 고양이 값을 물어 주지 못할 것 같애?"

창수는 오히려 삼총사보다 더 큰 소리로 말했다.

"뭐라구? 정말 너 뻔뻔스럽다. 밤마다 뻔데기만 구워먹냐!"

꺽다리가 허공에 팔을 휘두르며 거칠게 말했다.

"치, 마음대로 해봐라! 깜순이를 되찾고 싶으면 그 통역기를 내일까지 갖고 와!"

창수는 교실 안으로 들어가 버렸다.

"어떡하지?"

자연이가 걱정스럽게 왕발명에게 물었다.

“저 녀석들을 집에 데리고 가는 게 실수였어. 일단 저 녀석 말을 들어주자! 우리가 들어주지 않으면 깜순이를 내버릴지도 몰라, 저 녀석이 선생님한테 또 어떻게 거짓말 할런지도 모르고.”

“그래 발명이 말이 맞는 것 같다. 그 다음은 다시 생각해보자!”

꺽다리가 발로 흙을 빡빡 문지르면서 말했다.

교실로 들어온 창수는 의기양양하게 만수와 철이에게 말했다.

“애들아, 우리가 이겼어, 짜아식들, 벌레씹은 표정을 하고 있더라구!”

창수는 이렇게 떠들어대기는 했지만 어젯밤에는 잠도 제대로 자지 못했었다.

자연이네 집에서 가져온 깜순이가 밤새 울어댔던 것이다. 낮에는 그렇게 귀엽고 이쁘던 깜순이가 밤에는 마치 귀신처럼 무섭게 느껴졌다. 밖에 놔두고 싶어도 식구들한테 들킬까봐 그렇게 하지도 못했다. 엄마는 특히 고양이를 싫어하셨다.

창수는 머리끝까지 뒤집어써도 깜순이의 울음이 더 크게 들리는 것만 같았다.

'야아옹, 야아옹……'

'넌, 금방 집으로 돌아갈 수 있어!'

창수가 휴지로 귀를 틀어막고 속으로 외쳐도 깜순이의 울음은 그치지 않았다.

'넌 못된 아이야! 가만두지 않겠어. 우리 엄마한테 가서 너를 물어뜯어 버리라고 할거야!'

마치 깜순이는 그렇게 말하고 있는 듯했다.

창수는 빨리빨리 깜순이를 자연이에게 되돌려 주고 싶었다.

수업이 끝나고 창수 일행은 학교 정문 밖으로 나가고 있는데 뒤에서 삼총사가 불렀다.

자연이가 먼저 말했다.

"좋아, 그 통역기를 주겠어!"

"우리가 학교 운동장 철봉 있는 곳에서 기다리고 있을 테니까, 지금 빨리 깜순이를 가져와."

꺽다리가 곧이어서 말했다.

"자, 발명아, 너는 어서 집에 가서 통역기를 가져와!"

자연이가 왕발명에게 빨리 갔다 오라고 재촉했다.

창수도 잘됐다 싶었다. 만수와 철이를 보고 말했다.

"애들아, 너희들 여기에 있어. 나 집에 가서 깜순이를 가지고 올게!"

창수도 왕발명도 모두 자기집 쪽으로 뛰어갔다.

십여분 뒤에 창수는 깜순이를 데리고 오고 왕발명은 통역기를 들고 왔다.

"야, 우리 남자들이니까 속임수를 쓰거나 치사한 행동은 하지 말기로 하자!"

"쳇, 누가 먼저 치사한 행동을 하기 시작했는데 누구보고 남자타령 하는 거야?"

창수의 말에 꺽다리는 코웃음을 쳤다.

"알았으니까, 빨리 깜순이를 줘. 엄마 야옹이가 밥도 먹지 않고 있단 말야!"

자연이가 급하게 말했다.

"좋아, 철봉 밑에다가 똑같이 갖다 놓기로 하자!"

창수가 철봉 밑을 손가락으로 가리키며 말했다.

"좋아! 그럼 시작!!"

왕발명은 시계를 들여다보며 소리쳤다. 창수가 깜순이를 들고 철봉 밑에 갖다 두고 꺽다리가 통역기를 두고 철봉 밑에 갔다 두었다.

"야, 드디어 이 통역기는 우리 차지다. 다시는 특수 건전지를 바꾼다는 말에 속지 않을 걸."

창수는 힘있게 말하고 만수와 철이에게 빨리 가자고 눈짓을 했다.

창수는 통역기를 들고 재빨리 집으로 뛰어갔다.

"우리 무슨 동물부터 말을 시켜 볼까?"

창수는 만수와 철이에게 물어보았다.

"우선 너희집 개 누렁이한테 말을 시켜보자!"

만수가 말하자 창수는 고개를 끄덕였다.

'이 녀석 이번에도 저번처럼 나를 욕하기만 해봐라. 당장

오늘 저녁밥부터 주지 않을 테니까?'

창수는 단단히 결심을 하고 통역기를 사냥개인 누렁이 가까이에다 대었다.

"커컹컹 커컹."

누렁이는 아이들이 모여들자 갑자기 사납게 짖어대었다.

"야, 뭐라고 하는거야?"

만수가 뒤로 넘어지면서 물었다.

"가만 있어봐! 통역기에서 동물 말이 우리가 쓰는 말로 바꿔서 나올거라구!"

"야, 이녀석들아, 지금 너희들 나한테 무슨 장난을 칠려고 하는거야! 왜 어린아이들까지도 동물들을 못살게 괴롭히는 거지? 우리들은 사람들을 위해서 열심히 일하고 있는데 도리어 사람들은 우리들이 숨쉴 공기마저도 더럽혀 놓으니 말이야!"

"아악, 드디어 누렁이의 말을 들을 수 있게 됐다. 그런데 지금 무슨 말을 하고 있는 거야?"

철이가 누렁이의 말을 듣고 너무 신기해서 손뼉을 쳤다.

"글쎄 말이야, 나는 아이를 갖는 것도 무서워요. 우리 옆집에 있던 얼룩이네는 주인과 낚시에 따라갔다가 왔는데 다리 한쪽이 절뚝이는 아기를 낳았대요. 공장폐수가 그 강물로 흘러들어서 그 강물이 아주 못쓰게 됐대요. 그 오염된 강물인 줄 모르고 먹었다가 그런 아기를 낳았대지 뭐예요?"

누렁이 옆에 묶여 있던 푸치가 말했다.

"야, 정말 신기하다. 푸치 얘기는 사실이야. 우리 옆집 아저씨가 얼룩이라는 개를 데리고 강낚시를 갔다 왔는데 그 강물을 먹은 후부터 얼룩이가 몹시 아프더래. 결국 새끼도 낳았는데 한 쪽 다리가 짧은 강아지를 낳았대. 얼마 안있다가 얼룩이도 죽고 새끼 강아지도 죽었다고 우리 엄마가 말씀하셨어.”

창수는 그 사실을 어떻게 알고 사냥개들이 이야기를 나누는지 신기했다.

‘동물들도 우리랑 똑같이 말하고, 걱정거리도 있네?’

창수는 무언가 새로운 사실을 깨달은 것 같았다.

“창수야 정말 신기하다. 우리 집 안으로 들어가서 앵무새의 이야기도 들어보자!”

만수가 입을 헤벌쭉 벌리며 집 안으로 먼저 들어갔다.

“그 녀석은 바보 멍청이라는 말밖에 몰라!”

창수가 뒤따라가며 말했다.

만수, 철이, 창수가 앵무새 가까이 가자 역시 창수가 말한 그대로였다.

“창수는 멍청이, 바보, 욕심꾸러기!”

만수와 철이는 배를 잡고 낄낄 웃어대었다.

“야, 이 말은 내 동생이 가르쳐 준 말이야! 통역기를 갖다 대보면 다른 말을 할거라구!”

창수가 얼른 통역기를 새장 가까이 들이대었다.

“흥, 내가 언제 이 집을 나갈 수 있을까? 이 집에 있는 사람들은 모두 나가서 내 밥도 제대로 주지 않는단 말이야. 하기는 밖에 나가면 더 위험할 거야. 새들이 살만한 곳이 어딨겠어? 산은 모두 사람들이 망쳐놓았데. 아파트나 공장이 세워져서 참새 친구들도 살 곳이 없다고 맨날 걱정하는데 말이야. 식사도 제대로 마음놓고 먹을 수 없다고 하잖아. 그나마 그 찌꺼기 음식도 더러운 물이나 공기 때문에 오염돼서 먹으면 배탈난다고 했지? 그렇지만 여기는 너무 심심해!"

앵무새는 잘도 쫑알거렸다.

"야, 앵무새 말이 정말일까?"

만수가 철이에게 물었다.

"맞아, 선생님도 그랬잖아, 요즘에는 참새들도 보기가 힘들다구! 우리나라로 오는 철새들도 요즘에는 잘 오지 않는대, 강물이 오염돼서 그 물을 먹고 떼죽음을 당했대, 이제는 딴나라로 가서 우리나라에 서는 아름다운 철새들의 모습을 볼 수 없다고 하셨어!"

철이는 갑자기 우울해졌다.

'새도, 강아지도, 바닷 고기들도 없는 세상은 얼마나 끔찍할까? 오염 때문에 멸종되어 가는 동물들이 많다고 하던데.'

"철이야, 무슨 생각을 하니?"

"아니야, 동물들이 없는 세상을 상상해봤어!"

"아, 그러면 어떻게 될까? 강아지가 없으면 도둑도 못 지키고 소가 없으면 농사 짓기가 힘들고 닭이 없으면 그 맛있는 양념통닭도 먹지 못하겠네?"

뚱보 창수가 역시 먹는 이야기를 빠트리지 않았다.

"그 아름다운 목소리로 아침마다 우리 식구의 잠을 깨우는 잉꼬새의 노래를 들을 수 없을지도 몰라!"

철이가 갑자기 시무룩해졌다.

"야, 철이야. 우리가 커서 그렇게 되지 않게 만들면 되잖아, 걱정하지 말아!"

민수가 의젓하게 말했다.

희망

"야, 저 금붕어 좀 봐. 이렇게 자세히 보기는 처음이네!"

만수는 창수의 거실에 있는 큼직한 수족관을 보고 소리쳤다.

"응 우리 아빠가 물고기를 무척 좋아하시거든. 저번에 통역기를 가져왔을 때 금붕어 이야기를 들었는데 밥 좀 제때에 가져오라고 하더라!"

창수가 히쭉 웃으면서 말했다.

"정말이야? 금붕어가 그런 말도 해?"

만수가 눈을 커다랗게 뜨고 물었다.

"그뿐만이 아니야. 자기를 건드리지 말래. 몸이 아프다고 하더라구. 그때부터 밥도 제때에 주고 장난도 치지 않았어."

꼬마 악당 셋은 서로 얼굴을 마주보며 웃었다.

"야, 우리 금붕어가 지금은 무슨 말을 하는지 들어보자!"

만수가 통역기를 수족관 가까이 들이대었다.

"야, 창수가 착해진 것 같지 않니? 옛날에는 우리를 본체만체하고 자기만 맛있는 것 실컷 먹더니 요즘에는 우리 밥도 잘 주잖아! 우리를 가지고 장난치지도 않고, 창수가 착해지니깐 너무 이뻐 보이는 것 있지?"

금빛 금붕어가 말했다.

옆에서 헤엄을 치고 있던 주황색 금붕어도 맞장구를 쳤다.

"정말이야. 요즈음은 살 맛이 나! 옛날에는 물도 갈아주지 않아서 숨이 콱콱 막혀오는 것 같았는데 창수가 깨끗한 물도 갈아주잖아. 뉴스를 들어보니깐 바닷물에 석유나 더러운 물이 흘러들어와 우리 동포들이 떼죽음을 당하고 있다잖아!"

주황색 금붕어가 꼬리를 살랑살랑 흔들며 말했다.

"그래? 하지만 짓궂은 창수도 착한 어린이가 됐으니 사람들도 지금부터 자연을 사랑하고 환경을 보호하는 마음을 더욱 새롭게 가지게 된다면 지금보다 훨씬 나아질 수 있을 거야."

두 마리의 금붕어들은 입을 쑥 내밀고 뽀뽀를 했다.

그곳에서 보글보글 거품이 일어났다.

"야, 그래도 금붕어들은 악당 창수를 착한 어린이라고 좋아하는데?”

만수와 철이는 얼굴이 빨개진 창수를 보고 웃으면 말했다.

‘아, 밥만 제때에 주었을 뿐인데도 저렇게 고마워하다니!’

창수는 가슴이 울렁거렸다. 지금까지 누구에게 칭찬을 받아 본 일이 없었기 때문이다. 모두들 자기를 꼬마 악당이라고 놀려대기만 했었다. 정말로 친한 친구도 없었다.

맛있는 군것질을 많이 사주니깐 쫓아다니는 아이들이 있을 뿐이었다. 그래서 더욱 다른 아이들에게 못되게 굴었는지 모른다.

‘금붕어들이 내가 깜순이를 훔친 사실을 알면 무척 실망할 거야, 나를 나쁜 아이라고 놀려대겠지?’

철이와 만수도 자기집으로 돌아갔다. 집에는 아무도 없었다.

창수는 그 통역기를 이리저리 살펴보았다.

‘어떻게 만들었을까?’

그 때 벨이 울렸다. 삼총사들이었다.

“야, 창수야. 빨리 나와봐!”

창수는 통역기를 감추고 뛰어나갔다.

“왜그래? 이미 모든 것은 끝났는데”

“야, 이 자식아, 너 우리 깜순이 밥도 먹이지 않았니? 깜순이가 죽으려고 한단 말이야."

자연이가 눈물을 흘리면서 말했다.

"뭐라고! 나는…."

창수는 할말이 없었다. 새끼 고양이가 무서워 가까이 가지도 못했던 것이다.

"자연이네 엄마가 그러는데 태어난 지 며칠 안 되었을 때는 함부로 만지는 것이 아니래. 그런데 젖도 못 먹고 꼬박 굶었으니!"

발명이가 주먹을 불끈 쥐었다.

창수는 자연이에게 너무 미안했다.

'창수는 착한 어린이가 됐어. 우리는 주인을 잘 만난거야' 금빛 금붕어의 말이 떠올랐다. '아니야, 난 못된 애야!' 창수는 엉엉 울고 싶었다.

창수는 이층으로 올라가서 통역기를 가지고 다시 내려왔다.

"자, 가져 가. 이건 이제 필요없어! 동물들의 마음을 다 알았거든. 그리고 정말 미안해. 난 야옹야옹 우는 깜순이가 무서워서…"

창수는 말을 잇지 못하고 눈물을 옷소매로 훔쳤다.

"짜아식, 정말 못된 녀석은 아니었구나!"

자연이는 창수의 어깨를 토닥여 주었다. 그때였다.

"꽈광!"

"앗! 통역기가 터졌다!"

발명이가 통역기를 만지고 있었는데 터지고 만 것이다. 푸른 불꽃이 확 오르더니 까만 연기가 풀풀 나기 시작했다. 네 명의 아이들은 까만 연기를 뒤집어쓰고 까맣게 그을렸다.

삼총사와 창수는 서로 얼굴을 바라보고 손가락질을 하며 크게 웃어댔다.

"하하, 부시맨같다."

삼총사와 창수는 자연이네 집으로 갔다.

"깜순이가 꼭 낫도록 기도할게. 한 번도 해보지 않았지만."

창수는 고개를 떨구며 말했다.

"괜찮아, 엄마 야옹이하고 우리 엄마가 정성껏 보살피고 있으니까. 아까는 너무 화가나서 쫓아왔던거야."

자연이는 빙그레 웃어보였다.

"그런데 발명이의 걸작품 동물 통역기가 터졌으니 어떡하지?"

"걱정마, 오늘부터 환경을 보호하는 마음을 가지게 하는 새로운 기계를 연구해 볼거야!"

발명이는 씩씩하게 대답했다.

"야, 대단한데? 기대해볼게, 이제는 완전히 봄이다!"

자연이는 팔을 번쩍 들고 하늘을 바라보았다.

"봄이 오면 생각나는 것은?"

자연이는 발명이, 창수, 꺽다리를 둘러보며 물어보았다.

"개나리, 진달래!"

"졸음!"

"새짝꿍!"

자연이는 고개를 가로저었다.

"네, 모두 아깝지만 틀렸습니다. 봄이 오면 생각나는 것은 희망입니다!"

네 명의 아이들은 손을 꼭 잡고 웃으며 골목길을 총총 빠져나갔다.

도전 리틀과학자
동물들과 수상한 발명품

2015. 5. 4 인쇄
2015. 5. 7 발행

글 대한과학진흥회
그림 정 혜 림
펴낸이 신 주 황
펴낸곳 스완미디어
등록 제2-4534호
주소 서울시 중구 만리동2가 12-33 태영빌딩
홈페이지 www.dollplaybooks.com
대표전화 02) 393-0026
팩스 02) 312-8349

ISBN 978-89-92565-77-6
ISBN 978-89-92565-70-7 (SET)

값 9,800원

C=O
NH2
CH3-CH2-CH2-CH3
CH3-COOH
NO2
Al(OH)3→Al2O3+3H2O
HN
N
R1
R2
CN
CH3C=O
NH2
H
C

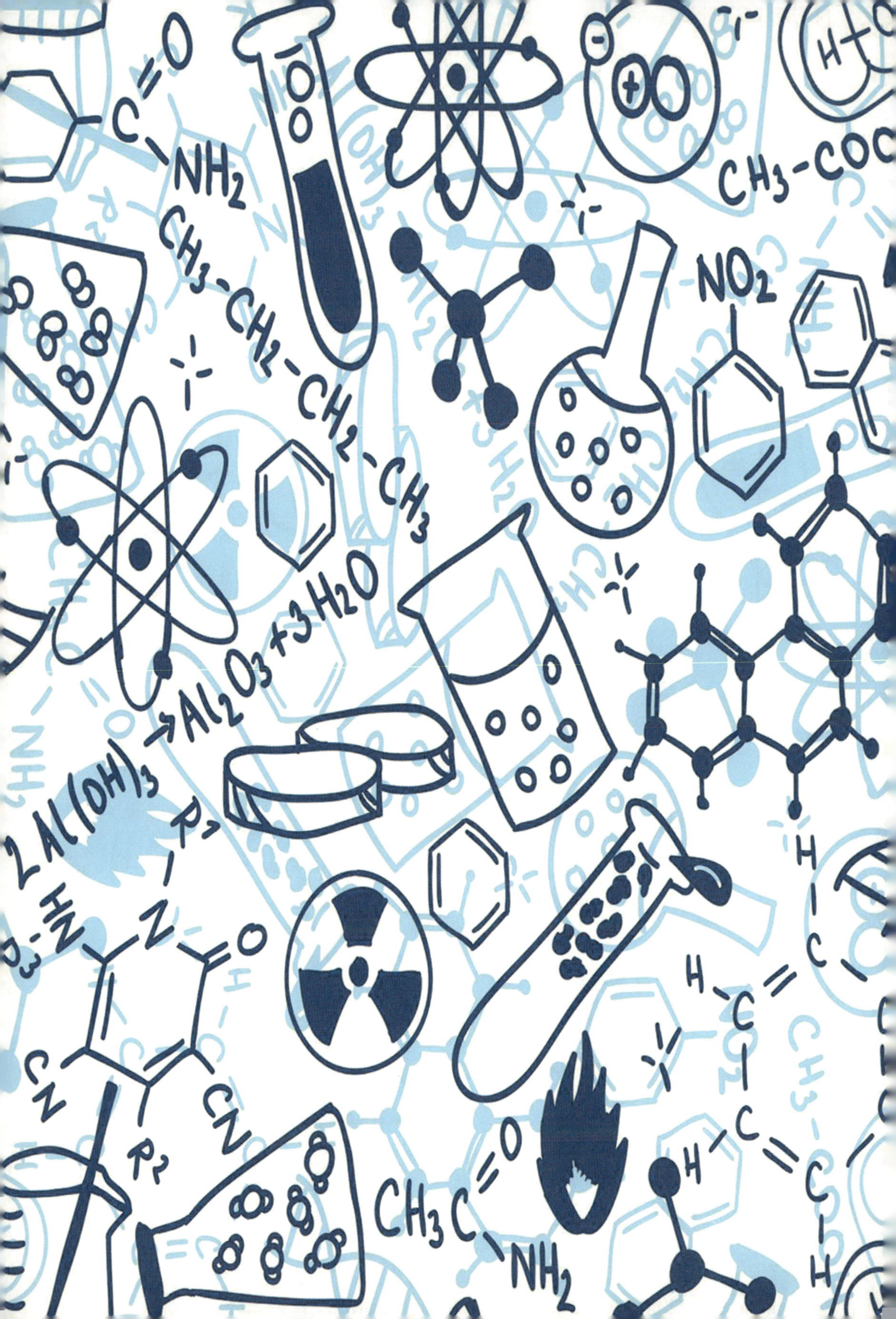
C=O
NH2
CH3-CH2-CH2-CH3
2Al(OH)3→Al2O3+3H2O
NO2
CH3-COO
HN
CN
CN
CH3C=O
NH2